Niklaus Zemp

Die Macht von Ängsten lässt sich zähmen

AF001704

Niklaus Zemp

Die Macht von Ängsten lässt sich zähmen

Wege mit der Angst - Wege aus der Angst

Trainerverlag

Impressum / Imprint
Bibliografische Information der Deutschen Nationalbibliothek: Die Deutsche Nationalbibliothek verzeichnet diese Publikation in der Deutschen Nationalbibliografie; detaillierte bibliografische Daten sind im Internet über http://dnb.d-nb.de abrufbar.
Alle in diesem Buch genannten Marken und Produktnamen unterliegen warenzeichen-, marken- oder patentrechtlichem Schutz bzw. sind Warenzeichen oder eingetragene Warenzeichen der jeweiligen Inhaber. Die Wiedergabe von Marken, Produktnamen, Gebrauchsnamen, Handelsnamen, Warenbezeichnungen u.s.w. in diesem Werk berechtigt auch ohne besondere Kennzeichnung nicht zu der Annahme, dass solche Namen im Sinne der Warenzeichen- und Markenschutzgesetzgebung als frei zu betrachten wären und daher von jedermann benutzt werden dürften.

Bibliographic information published by the Deutsche Nationalbibliothek: The Deutsche Nationalbibliothek lists this publication in the Deutsche Nationalbibliografie; detailed bibliographic data are available in the Internet at http://dnb.d-nb.de.
Any brand names and product names mentioned in this book are subject to trademark, brand or patent protection and are trademarks or registered trademarks of their respective holders. The use of brand names, product names, common names, trade names, product descriptions etc. even without a particular marking in this works is in no way to be construed to mean that such names may be regarded as unrestricted in respect of trademark and brand protection legislation and could thus be used by anyone.

Coverbild / Cover image: www.ingimage.com

Verlag / Publisher:
Der Trainerverlag
ist ein Imprint der / is a trademark of
OmniScriptum GmbH & Co. KG
Heinrich-Böcking-Str. 6-8, 66121 Saarbrücken, Deutschland / Germany
Email: info@verlag-trainer.de

Herstellung: siehe letzte Seite /
Printed at: see last page
ISBN: 978-3-8417-5084-6

Copyright © 2013 OmniScriptum GmbH & Co. KG
Alle Rechte vorbehalten. / All rights reserved. Saarbrücken 2013

Inhalt

Vorwort	5
Keine Angst vor der Angst	9
Das Phänomen Angst, lästig - hilfreich - nützlich?	11
Wie die Angst in unser Leben kommt	13
Die Grundempfindung Angst	15
Angst, das Weltproblem Nummer eins	17
Angst, der Schlüssel für alle Probleme	
Ängste aus den Kindertagen	19
Schreckerlebnisse können nachhaltig wirken	21
Ängste können ausgenützt und missbraucht werden	23
Die Macht von Ängsten lässt sich zähmen	25
Ängste kennen und verstehen lernen	
Angstgespenster	26
Wenn auch der liebe Gott Angst macht	30
Angst und (Ehr-)Furcht	31
Angst kann anstecken, aus Angst kann Panik entstehen	32
Angst kann auch verbinden	33
"Ich habe bisher geglaubt, ich hätte keine Angst."	35
Wer dem Leben und den Menschen misstraut	37
Sind immer die Mütter schuld?	
Grundvertrauen und Grundangst, Urvertrauen und Urangst	
Grundangst ist gestörtes Grundvertrauen	39
Urangst ist gestörtes Urvertrauen	40
Urvertrauen ist ein zartes Pflänzchen	41
Angst ist in letzter Konsequenz Verlust- und Überlebensangst	44
Die beängstigende Vorstellung, nicht mehr zu sein	45
Rette sich, wer kann	49
Auf Bedrohung muss man reagieren	
Adäquate Angst ist keine objektive Größe	51
Neurotische Ängste, Phobien	52
Irrationale Ängste	55
Panikattacken	56
Angst kann krank machen	58

Übergänge und Wendepunkte — 62
Übergänge und Wendepunkte verunsichern
Aufbruch ins Unbekannte - Achtung Krisen — 63
Symbolische Wendepunkte - Das Magische am Jahreswechsel — 65

Mächte, Mythen, Ängste - Ängste, Mythen, Mächte — 69
„Die Geister, die ich rief" treiben ihr Unwesen
Mythen von der Entstehung der Welt - Der Anfang vom Ende — 70
Die Ahnung vom Ende — 71
Das Faszinosum Weltuntergang und Endzeitängste — 72
Das Wissen der Mythologien — 73
Die johanneische Apokalypse, ein Weckruf ... — 74
... und ein Buch gegen die Angst — 75
Dramatisieren kommt an, damals wie heute — 76
Jahrtausendwende und Endzeitängste
Die Zeitrechnung ist von Menschen gemacht — 77
Potenzierte Zukunftsängste — 80
Wir brauchen wenigstens mögliche Erklärungen für — 82
Geheimnisse
Wenn es schon sein muss, dann jetzt

Die Menschen möchten ewig leben — 84
„Nun geht es darum, dass er nicht ... ewig lebe!"
Als dieser bestimmte Mensch wieder erkennbar sein — 86
Der „Himmel" über den Wolken ist entschwunden

Die Menschen brauchen Mythen — 89
Der Wunsch, alles zu verstehen
Mythologische Erklärungsversuchen auch heute — 90
Wie Mythen entstehen und was sie dem Menschen nützen — 92
Erfahrung - Überhöhung - Dichtung

Wege mit der Angst, Wege aus der Angst — 93
Es gibt Wege aus der Angst
Angst-Bewältigungsangebote, Angstabwehr — 96
Angst-Abwehrmechanismen - sie können helfen und sie können schaden
Abwehrmechanismen haben viele Gesichter — 97
Projektion — 100
Verdrängung

Identifikation	101
Flucht von und Flucht zu	102
Angstkontrolle oder Gefahrenkontrolle	104

Der Angst Grenzen setzen, sich herausfordern aber nicht bestimmten lassen   105

Acht Schritte, die helfen, mit Ängsten klar zu kommen	
Angst zulassen und eingestehen	
Sich beobachten und von andern lernen	
Sich Angstsituationen stellen	107
Angst aushalten und durchstehen	108
Hilfreiche Zweifel an der Macht von irrationalen Ängsten	110
Sich vor Angstmachern und vor Überängstlichkeit schützen	
Die eigenen Fähigkeiten aktivieren und trainieren	112
Selbstwert und Selbstvertrauen stärken	
Sich helfen lassen	113

Angstbewältigung mit Hilfe höherer Werte   115

Wie kann der Glaube helfen?	
Miteinander und füreinander	116
„Zeichen vom Himmel" zu sich sprechen lassen	117
Und magische Rituale?	118

Vertrauen ist der Gegenspieler von Angst   121

Vertrauenkönnen will gepflegt werden	
Angst und Vertrauen in zwischenmenschlichen Beziehungen	123
Und wenn das Vertrauen-können gestört ist?	124

Literaturhinweise	127

Illustrationen: Niklaus Zemp

Angst erschreckt
Angst warnt
Angst schützt
Angst fordert heraus
Angst mobilisiert Energien

und

überwundene Angst
wird zur freundschaftlichen Begleiterin
sie ermutigt dich
deinen Weg vorsichtig,
Schritt für Schritt zu gehen

Vorwort

Wovor wir aktuell Angst haben, erfahren wir in regelmäßigen Sorgenbarometer-Mitteilungen aus den Medien. Die Ratingplätze der Ängste verändern sich mit der gesellschaftlichen und wirtschaftlichen Lage oder entsprechend einschlägigen Ereignissen – je nachdem steht die Angst vor Arbeitslosigkeit, Rentenverlust, Atom- und Naturkatastrophen oder epidemischen Krankheiten usf. an oberster Stelle. Wovor wir Angst haben, wird uns in großem Mass dargeboten, landes-, europa-, weltweit repräsentativ erfasst und statistisch abgesichert. Wie wir darauf reagieren? Übertrieben mit Massenhysterie oder untertrieben mit allgemeiner Gleichgültigkeit? Wir sind informiert, was uns Angst macht oder zu machen hat, aber sind wir auch informiert, wie wir mit dieser Angst oder diesen Ängsten zu Recht kommen?

Der Titel eines unlängst erschienenen Bilderbuchs macht darauf aufmerksam, dass es nicht nur *die Angst vor einer Sache*, sondern *die Angst überhaupt* gibt. In *„Hast du Angst?" fragte die Maus* (Text von Rafik Schami, Illustrationen von Kathrin Schärer, Beltz & Gelberg 2013) macht sich eine kleine Maus auf den Weg, um die Angst zu finden. Als naives, bislang im mütterlichen Nest geschütztes Wesen gelangt sie durch Begegnungen mit grösseren bis grössten Tieren von der konkreten Frage, wie Angst aussehe, zum Erleben des Gefühls der Angst. Auf ihre immer wieder in einer neuen Konfrontation gestellte Frage „Hast du Angst?" erhält die Maus verschiedene Antworten, die zusammenfassend ergeben, dass wir

- in einer geschützten Situation Angst nicht erleben,

- dass wir Angst kennen lernen können und müssen,

- dass es nicht unbedingt beängstigend ist, wenn wir mit Stärkeren zusammen treffen,

- dass es verschiedenste Arten von Ängsten gibt, auch solche, die wir selber erfinden,

- dass wir in einer lebensbedrohenden Situation instinktiv Angst erfahren und uns schützen.

Angst ist lernbar, der Umgang mit Angst ebenso. Der ersten Angsterfahrung, wie sie die kleine Maus macht, folgen im Verlauf unseres Lebens viele weitere. Die Anfangsfrage „Hast du Angst?" weitet sich aus zu den Fragen wovor wir Angst haben, warum wir Angst haben, was die Angst mit uns macht und wir mit ihr. Bei der ersten Lektüre des hier vorliegenden Buches ist nach einem Leseanlauf meine Neugier stetig gewachsen, weil mir zusehends klar wurde, dass ich so etwas wie eine Enzyklopädie der Angst vor mir habe, ein Handbuch, in dem alles vorkommt und nichts fehlt zu diesem Thema. Die Fallbeispiele, welche die "Angsttheorie" ergänzen, sind so dargestellt, dass sie leicht adaptiert werden können - ja, so habe ich das auch schon erfahren, so habe ich das schon von jemandem gehört, bei jemandem erlebt, so könnte das gelöst werden.

Beeindruckend an der Darstellung ist die Natürlichkeit und Selbstverständlichkeit, mit der wir Angst haben dürfen. Es gibt nichts, was nicht sein darf, und gleichzeitig wird die Achtsamkeit für die eigenen und für fremde Ängste angesprochen und angeregt. Wir alle haben unsere Angst und Ängste, die sich aus unserem Grundgefühl, aber auch aus Erfahrungen und Erlebnissen herausgebildet haben, und wenn wir sie anschauen, gewinnt unser Spiegelbild an Dimension, öffnet sich aber auch unsere Sicht nach außen, auf die Ängste in unserer Umgebung. Aus den Erfahrungen des Verfassers mit den Angsterlebnissen und der Angstbewältigung vieler Menschen, die ihre Ängste wahrgenommen haben, ergibt sich eine Art prototypisches Spektrum. In diesem Sinn wird das vorliegende Buch zu einer Fortsetzung des Maus-Bilderbuchs mit seiner Grundfrage „Hast du Angst?" Der geneigte Leser wird merken, dass er die Fähigkeit erlangen soll und kann, sein eigenes Angst-Ranking zu erstellen und es seiner momentanen Lage entsprechend variabel zu gestalten. Ich wünsche dem Buch viele Leser mit vielen Antworten auf die Frage nach ihrer Angst.

Elisabeth Maeder, lic.phil.
Wissenschaftliche Mitarbeiterin, Universität Basel

Ein Dankeschön

Ein großes Dankeschön an die drei Frauen, die einen wichtigen Beitrag zur Entstehung dieses Buches beigetragen haben:

An meine Frau Christine. Sie hat mit wachem Blick die Texte sowohl in sprachlicher wie in fachlicher Hinsicht begutachtet, letzteres aufgrund ihrer langjährigen Erfahrung als Musiktherapeutin.

An Elisabeth Maeder und Regula Schaufelberger. Sie haben liebenswürdigerweise als Lektorinnen gewirkt.

Niklaus Zemp

Keine Angst vor der Angst

Waren Sie schon einmal auf einer Geisterbahn? Ich nicht. Es gab in meiner Jugend keine Gelegenheit dazu. Vermisst habe ich sie sicher nicht. Anlässe Angst zu haben, begründet oder auch nicht, gab es schon so genug. Auf die Geisterbahn wagen sich die Furchtlosen. Trotzdem scheinen jeweils Einige heil froh zu sein, wenn sie den wilden Tieren und Gespenstern unbeschadet entronnen sind. Auch scheinbare Bedrohungen können einen erschrecken.

Im realen Leben kann man auch in eine Art von Geisterbahn geraten. Auf einmal befindet man sich in einem Dschungel von Arbeit und Verpflichtungen, und die Angst, den Ausgang nicht zu finden, wird immer größer. In der Arbeit oder in der Beziehung läuft alles schief, man ist verunsichert und fühlt sich von allen Seiten bedroht. Oder ein Schicksalsschlag hat Hürden und Barrieren aufgestellt, ein Durchkommen scheint unmöglich. Am schlimmsten ist, wenn die Kindheit eine nicht enden wollende Geisterbahnfahrt von Angst zu Angst war.

Angst und Angstmacherei können eine unglaubliche Macht über Menschen ausüben. Anderseits - die tröstliche Seite - die Macht von Ängsten lässt sich zähmen. Irrationale Ängste kann man ganz los werden. Viele pathologische Ängste sind oft ganz oder mindestens zum Teil heilbar.

Übrigens hat es nicht jede Angst darauf angelegt uns zu schikanieren. Wie oft schon hat uns die eine oder andere mit ihrem Warnruf vor Ungemach behütet.

Warum noch ein Buch über Angst? Es gibt doch schon Tausende. Ich habe mich dazu entschlossen, weil ich aus meiner langjährigen Erfahrung in der Beratung weiss, wie verbreitet Ängste sind. Ich weiss, wie schwierig es für viele Menschen ist, ihre Angst vor der Angst zu überwinden und den konkreten Ängsten „ins Gesicht zu schauen". Und ich kenne die Hemmungen zu

Ängsten zu stehen, weil Angsthaben in unserer Gesellschaft verpönt ist, belächelt und als Schwäche ausgelegt wird.

Ich habe in all den Jahren unzählige Male miterlebt, und auch einen Teil dazu beitragen können, dass Menschen gelernt haben, mit ihren Ängsten und Befürchtungen adäquat umzugehen. Das verhalf ihnen dazu, ihre Lebenschancen besser auszuschöpfen, zufriedener, freier und gesünder zu leben. Darum scheint es mir wichtig, das Thema „sinnvolle Angstbewältigung" immer wieder neu aufzugreifen, Menschen zu ermutigen, sich mit den eigenen Ängsten, vielleicht auch mit denen von andern, die ihnen nahe stehen, vertraut zu machen. Ängste sind zu bedeutungsvoll, als dass wir sie unbesehen und mit allen Mitteln los werden sollten.

Das Phänomen Angst ist ein ständiger Begleiter mit unterschiedlich starkem Einfluss auf unsere Lebensgestaltung und Lebensqualität. Und es sind Ängste, welche die Ursache vieler Ausbrüche von Aggressionen und Gewalttaten von Einzelnen, ja ganzer Völkergruppen sind. Es lohnt sich, Angst auch auf dem Hintergrund von größeren Zusammenhängen zu betrachten.

Angstmache wird immer wieder benützt, um mit der eigenen Angst nicht allein zu sein. Angstmache wird auch bewusst eingesetzt, um Machtbedürfnisse auszuleben oder um mit der Angst von andern Geschäfte zu machen. Das Buch möchte helfen solche Gefahren zu erkennen, um sich schützen oder, wer bereits in einem solchen Netz gefangen ist, sich befreien zu können.

In Fallbeispielen vorkommende Situationen sind verfremdet und die Namen anonymisiert.

Das Phänomen Angst

Lästig - hilfreich - nützlich?

Angst haben ist lästig, finden die Einen. Sie versuchen ihre Ängste zu ignorieren oder irgendwie los zu werden. Dazu gehören auch radikale Methoden wie das Spiel mit dem Leben bei gefährlichen Freizeitbeschäftigungen, das Trainieren von Härte, das Verdrängen von Angst. Das kann problematisch werden und ungute Folgen haben. Wenn die Psyche dem Druck der Ängste aus dem Unbewussten nicht mehr Stand hält, kann ein geringfügiges, ungefährliches Ereignis bewirken, dass der Damm bricht. - Darüber nachzudenken, warum es sich nicht lohnt dieses Risiko einzugehen, ist ein paar Zeilen wert.

Angst ist hilfreich, sagen andere. Sie haben sich offensichtlich mit ihren Ängsten auseinandergesetzt und entdeckt, dass viele Ängste als Warnsignale wirken und somit eine Lebenshilfe sind. Sie warnen vor Gefahren, mahnen zur Vorsicht, verhelfen zu gut überlegten Entscheidungen. Und wer die eigenen Ängste und ihre Hintergründe kennengelernt hat, kann auch reale von irrealen Ängsten unterscheiden. Das ermöglicht, auf echte Gefahren adäquat zu reagieren. Dazu ist es notwendig, sich mit den eigenen Ängsten vertraut zu machen. Aber wie macht man das? - Es gibt ein paar Erfahrungswerte von Menschen, die das geschafft haben und an denen sich auch andere orientieren können.

Angst ist nützlich, denken Dritte - und sagen es nicht laut. Das sind jene, die von der Angst von andern leben, die es sich auf deren Kosten bequem machen. Es gibt Menschen, die ihre eigene Macht darauf aufbauen und erhalten, indem sie andere einschüchtern und deren Angst permanent schüren. Wer ist gefährdet, Opfer von solchen Verführungen und Einschüchterungen zu werden? Wie funktionieren diese Mechanismen von Verführung, Einschüchterung und Missbrauch von Ängsten? Auch das sind Themen dieses Buches.

Das Buch will nicht ein Fachbuch im klassischen Sinne sein, vielmehr versuche ich, wissenschaftliche Erkenntnisse an konkreten, praktischen Erfahrungen aufzuzeigen. Hans Zulliger, ein Volksschullehrer, Psychotherapeut und Pionier der Kinderpsychologie, vertrat in seinem Buch "Die Angst unserer Kinder" [1] die Ansicht, "...das Praktische und das Theoretische hätten sich gegenseitig zu ergänzen". Nur so können theoretische Erkenntnisse für die Betroffenen fruchtbar werden.

Die Angst hat viele Gesichter: Das Gesicht des kecken Pfadfinderführers, der den schüchternen Jungen zur Mutprobe herausfordert, das Gesicht des Polizisten in Kampfmontur, das Gesicht des gnadenlosen Richters, das Gesicht des hämisch grinsenden Gespenstes, das „Gesicht" eines fensterlosen Gefängnisses. Dazwischen gibt es zahlreiche weitere Varianten, je nach Situation und Gemütsverfassung. Es lohnt sich, das Phänomen Angst einmal aus der Distanz zu betrachten. Wir werden erkennen, dass nicht alles, was auf den ersten Blick als gefährliche Bedrohung wirkt, auch wirklich so gefährlich ist. Als Zoobesucher haben wir doch diese Erfahrung schon gemacht: Raubkatzen, Krokodile und andere wilde Tiere lassen sich gefahrlos beobachten. Gleichzeitig können wir abschätzen, in welcher Weise und in welchem Maße sie uns gefährlich werden könnten ohne Zaun und Graben und Mauer dazwischen. Zudem sehen wir, wie man sich schützen kann. Die Tierpflegerinnen und der Dompteur im Zirkus machen es uns vor, mit genauen Kenntnissen über die Tiere und über ihr Gefahrenpotenzial und mit genügend Erfahrung im Umgang mit den Tieren wird die Gefahr kontrollierbar. Dieses Können verlangt nicht eine totale Angstfreiheit, die zu gefährlicher Arglosigkeit verleiten kann.

Ängste können uns lange unbemerkt anschleichen, wie sie das gerne bei drohenden Verlusten tun. Oder sie schrecken uns plötzlich auf wie ein Albtraum in der Nacht. Man müsste solche Ängste in gleicher Weise betrachten können, so wie man wilde Tiere im Zoo beobachtet, nämlich auf sichere Distanz. Die eigene Angst aus Distanz zu betrachten ist allerdings um einiges schwieriger. Trotzdem sollten wir den Versuch wagen, wenn nötig mit fachlicher Hilfe. Das hilft uns, die echten Gefahrenmomente zu erkennen und richtig einzuschätzen, um besonnen reagieren zu können. Je nachdem ist es angebracht sich zu schützen, wo nötig sich durchzusetzen, zu retten, was zu retten ist, und schließlich aus der jeweiligen Situation das Beste zu machen. Es gibt Wege, die wir begleitet von Angst gehen müssen. Und diese Wege führen letztlich aus der Angst heraus.

Wie die Angst in unser Leben kommt

„Pass auf!"

„Tu das nicht. Das ist gefährlich!"

„Du wirst schon sehen, was passiert, wohin das führt!"

„Das macht man nicht! Was würden die Leute denken!"

„Dem würde ich nicht vertrauen!"

Wer hat nicht solche und ähnliche Sätze von Befürchtungen, Mahnungen und Drohungen aus seiner Kinder- und Jugendzeit auch als längst erwachsener Mensch noch im Ohr? Manche können wir heute belächeln, andere haben wir als nützlich und hilfreich empfunden. Und wieder andere haben uns vielleicht ängstlich und übervorsichtig gemacht, haben uns gehindert Wege zu gehen, Dinge zu wagen, die für uns gut und wichtig gewesen wären. Kinder kennen keine Gefahr, heißt es. Gar keine Angst zu haben ist gefährlich, besonders für Kinder. Sie müssen die Gefahren des Lebens erst kennenlernen. Übertriebene Angstmache, auch sogenannt gut gemeinte, schränkt Entwicklungsmöglichkeiten ein. Menschen, die als Kinder eingeschüchtert wurden, müssen viel Zeit und Energie einsetzen, um ihre Begabungen angemessen entfalten zu können. Mehrere Beispiele in diesem Buch berichten darüber.

Es ist nicht immer einfach, einem Kind eine Gefahr verständlich zu machen. Einem sechsjährigen Jungen versuchte die Mutter beizubringen, es sei gefährlich auf die Balkonbrüstung zu klettern. Er könnte herunterfallen und sich ein Bein brechen. Eines Tages, die Mutter war gerade nicht in Sichtweite, stieg der Junge auf das Balkongeländer und sprang hinunter. Dabei brach er sich, wie die Mutter gesagt hatte, ein Bein. Weil die Höhe von der Balkonbrüstung in den Garten nur knapp zwei Meter betrug, hatte er sich nicht schwerer verletzt. Als die Mutter ihn zur Rede stellte, warum er das getan hätte, obwohl sie ihn doch so deutlich gewarnt hätte, meinte er, er wollte nur schauen, ob das auch wahr wäre mit dem Beinbrechen beim Sprung vom Balkon.

Arglosen Kindern auf eine gute Art und Weise Respekt vor Gefahren beizubringen, ist eine anspruchsvolle Aufgabe. Allzu intensives Bemühen Kinder vor Gefahren und Schaden bewahren zu wollen, kann ganz unterschiedlich wirken. Während ein Kind überängstlich wird und möglichst alles zu meiden sucht, was Risiko bedeuten könnte, muss ein anderes erst recht alles ausprobieren und will seine eigene Erfahrungen machen. Ist das unter Erwachsenen ganz anders?

Nicht bloß problematisch wie übertriebene Vorsicht, sondern dramatischer sind die mit körperlicher oder psychischer Gewalt eingeimpften Ängste, die auch gestandene Männer und Frauen weiterhin tyrannisieren können.

„Du schaffst es nie!"
„Du machst mich krank!"
„Ich habe genug von euch. Ich gehe! Ihr könnt dann sehen, wie ihr ohne mich zurechtkommt."
„Wenn du darüber sprichst, bist du schuld, wenn unsere Familie kaputt geht."

Das sind verheerende Sätze, die Kinder in Ängste versetzen und sich tief in der Psyche verwurzeln. Sie wirken bis weit ins Erwachsenenalter nach. Ohne Hilfe sind solche Ängste kaum einzudämmen.

Die erziehungsbedingten Ängste sind nachvollziehbar. Ebenso verständlich sind Ängste, die von einem Schreckerlebnis her rühren, zum Beispiel vom Griff nach dem heißen Bügeleisen oder von einer schmerzhaften medizinischen Behandlung. Andere Ängste bleiben vorerst geheimnisvoll. Warum flüchtet ein Kind plötzlich schreiend vor einer kleinen Katze, die ihm zufällig über den Weg läuft und ihm nichts getan hat und die alle andern nur „herzig" finden? Um eine solche Angst und ihren Auslöser verstehen zu können, muss man nach den Zusammenhängen suchen. Eine, zwar schwer beweisbare, Theorie geht davon aus, die Geburt an sich sei für das Kind ein traumatisches Erlebnis, das entsprechende Grundängste produziere. Diese seien die Wurzeln von neurotischen, das heißt übertriebenen oder unbegründeten Ängsten.

Viele Menschen, die im Erwachsenenalter von Ängsten behindert, geplagt oder gar tyrannisiert werden, verstehen sich selbst nicht und machen sich Vorwürfe: „Ich bin doch längst erwachsen, warum bin ich so blöd." - „Warum reagiere ich immer noch so?" Das muss nicht so bleiben. Der Anfang zu einem leichteren und freieren Leben besteht darin, sich mit dem Phänomen Angst vertraut zu machen.

Die Grundempfindung Angst

Angst gehört zu den Grundempfindungen des Menschen wie Freude, Liebe, Trauer, Aggression. Es ist verständlich, dass uns nicht alle diese Befindlichkeiten gleich sympathisch sind. Aber sie alle gehören zu unserem Menschsein und haben je ihre Bedeutung. Sie machen uns menschlich. Weil alle diese Empfindungen so wichtig sind für unsere Lebensgestaltung und Lebensbewältigung, ist sehr zu empfehlen: „Schließen wir Freundschaft mit unseren Gefühlen und lassen wir bei Entscheidungen Verstand und Gefühle gleichwertig mitreden." [2]

Nicht alles was einen erschrecken kann ist so gefährlich wie es aussieht.
Vorsicht ist trotzdem nicht falsch.

Aber Angsthaben ist in unserer Gesellschaft verpönt, Angst wird verdrängt oder kaschiert. Verdrängte, uneingestandene Angst ist ein Fremdkörper in der Seele und bewirkt ähnliches wie ein Fremdkörper im Organismus; es entsteht eine Art Eiterherd, der irgendwann durchbricht. Wahrgenommene, begründete Angst schützt vor Gefahren, verdrängte Angst bleibt existent und wirkt mit der Zeit unkontrollierbar.

Angst, das Weltproblem Nummer eins

„Angst ist das Weltproblem Nummer eins." Mit dieser Behauptung beginnt eine kleine Schrift von Anton Kner, „Angst, wie werde ich damit fertig?" 3 Schon viel früher schrieb Albert Camus: „Unser 20. Jahrhundert ist das Jahrhundert der Angst." 4 Wie viel mehr dürfte dies auf das 21., auf unser aktuelles Jahrhundert, zutreffen. Bisher unbekannte Gefahren und Bedrohungen wie Atomkraftwerke, Klimawandel und die undurchsichtige und für den Einzelnen unkontrollierbare „Welt" der elektronischen Kommunikationsströme haben großen Anteil an dieser Angst. Und gleichzeitig dringen, von den Medien transportiert, alle Gewalt- und Katastrophenereignisse aus der ganzen Welt, und fast nur diese, sozusagen in Echtzeit in unser Leben und in unser Bewusstsein ein. Es verwundert nicht, dass dies viele Menschen psychisch völlig überfordert. Und gefährlich wird es für jene, die nicht mehr unterscheiden können zwischen den Bedrohungen, die sie konkret betreffen und anderen, denen zum Beispiel die Menschen im Fernen Osten ausgesetzt sind. Sie fühlen sich dann von allem in gleicher Weise direkt bedroht.

Angst, der Schlüssel für alle Probleme

Man kann das Phänomen Angst auch aus einem andern Blickwinkel betrachten, so wie Reinhold Ruthe das tut: „Angst ist der Schlüssel für sämtliche Probleme des Menschen." 5 Wie soll man das verstehen? Die „Angst" ist nur das Schild an der Türe. Entscheidend ist, was für ein Problem, welche Bedrohung sich dahinter verbirgt. Erst wenn wir es wagen, diese Angsttüre zu öffnen - das kann langsam und vorsichtig geschehen und man muss es auch nicht ohne Begleitung tun - können wir erkennen, ob und wenn ja, in welchem Maße sich unsere Befürchtungen bestätigen. Sonst bleibt die Angst so etwas wie ein Gespenst, das nicht fassbar ist, dem man sich ohnmächtig ausgeliefert fühlt. Wenn wir aber den (Hinter-)Grund einer Angst erkennen und verstehen, können wir einschätzen, ob überhaupt eine Gefahr besteht. Aufgrund dieser Erkenntnisse lassen sich wirksame Strategien entwickeln, wie wir einer Gefahr oder Bedrohung entgehen oder ihr entgegnen können. Gegen die Angst an sich zu kämpfen ist nur dann sinnvoll, wenn sie eine Bedrohung bloß vorspiegelt. Meistens geht es aber darum, mit der Gefahr fertig zu werden. Die verbleibende Angst hilft, sich vorsichtig und klug zu verhalten.

Im Roman „Ueli der Pächter" von Jeremias Gotthelf [6] geraten Ueli und seine Frau Vreneli als Pächter auf dem Hof „Glungge" in große finanzielle Not. Ausgerechnet in dieser Zeit der Verunsicherung und Angst steht eines Tages ein unbekannter „gfürchig" dreinblickender Mann vor der Türe und verlangt Einlass. Vreneli ist allein zu Hause. Obwohl sie erschrickt, lässt sie sich vom Fremden und seinem rüden Verhalten nicht einschüchtern. Schließlich stellt sich der Grobian, als den Vreneli ihn anfänglich erlebt, als Retter in der Not heraus. So ähnlich kann auch eine Angst einen Menschen überfallen, wie folgende Geschichte zeigt.

Eine Frau, die mich von früheren Begegnungen her kannte, stürmte eines Morgens in mein Büro. Sie wirkte stark verunsichert. Sie war unvermittelt von einer unerklärlichen Angst gepackt worden. Es gab in ihrem Leben traumatische Erlebnisse. Wir versuchten herauszufinden, ob eine dieser Angsterfahrungen sie wieder eingeholt hatte. Konkret schien es keine direkten Anknüpfungspunkte zu geben. Sie hatte diese Erlebnisse therapeutisch aufarbeiten können. Die Erinnerungen daran, wenn sie ab und zu auftauchten, konnten sie nicht mehr so sehr erschrecken.

In einem traumatischen Erlebnis wirken mehrere Ängste zusammen. Wir versuchten diese Ängste aufzufächern, um zu sehen, ob das eine oder andere Angstgefühl von damals zu einer aktuellen Situation gehören könnte. Als das Verlassenheits- und Einsamkeitsgefühl zur Sprache kam, hatten wir die empfindliche Stelle getroffen. Die emotionale Reaktion der Frau war deutlich. Einen Zusammenhang mit einem aktuellen Geschehen fand sie auf Anhieb nicht. Ihre Ehe war nicht „der siebte Himmel auf Erden", aber auch nicht speziell problematisch. Im Laufe des Gespräches zeigte sich doch immer deutlicher, dass hinter dieser diffusen Angst die Angst steckte, zwar wie im Tarnkleid verborgen, vom Manne verlassen zu werden. Konkrete Anzeichen dafür konnte sie nicht ausmachen. Sie schämte sich, überhaupt solche Gefühle zu haben.

Am selben Abend erzählte sie ihrem Mann von ihrer unerklärlichen Angst - und ihr Mann gab zu, dass er dabei war, den Auszug aus der gemeinsamen Wohnung vorzubereiten.

Ängste aus den Kindertagen

Wenn eine Prüfung misslingt, wenn es beruflich nicht nach Wunsch klappt, wenn der Arbeitsplatz gefährdet ist, wenn es finanziell schwierig wird, wenn Banken Pleite gehen, wenn man von einer Naturkatastrophe betroffen ist, wenn eine Krankheit ausbricht oder ein Unglücksfall die Zukunft nur noch dunkel erscheinen lässt, sind Zukunftsängste eine logische Folge. Es gibt wohl wenige Jugendliche, die in der Adoleszenz nicht mindestens zeitweise von Zukunftsängsten geplagt werden. Für manche Jugendliche sind die globalen Entwicklungen, die ihnen unheimlich, weil unkontrollierbar, erscheinen, Grund für Lebensängste. Ganz besonders trifft dies auf junge Arbeitslose zu.

Lebensgeschichtlich bedingte Ängste gehen meist auf die Kindheit zurück. Wenn im Elternhaus Sicherheit und Geborgenheit fehlte, ist es schwierig, Vertrauen ins Leben zu entwickeln. Wenn im Kinder- und Jugendalter die Anerkennung ausblieb, bleibt noch lange oder gar für immer ein Misstrauen gegenüber sich selbst und den eigenen Fähigkeiten zurück. Autoritäten werden dann oft, auf schwer definierbare Weise, als bedrohlich erlebt.

Aus Kindertagen stammte meine Angst vor Schifffahrten und vor tiefen Wassern. Eine Schifffahrt war für mich kein Vergnügen, sondern eine gefährliche Sache. Ich wusste auch warum. 1944 ertrank bei einem Schiffsunglück auf dem Vierwaldstättersee die Hälfte einer Hochzeitsgesellschaft aus unserem Dorf. Ich war damals noch nicht drei Jahre alt. Ich erinnere mich noch heute an die bedrückte Stimmung unter den Erwachsenen, wenn sie darüber redeten. Ich kann noch heute das Bild von den aufgereihten Särgen in der Kirche vor mir sehen, das Bild, das sich mir wohl aus Zeitungsberichten und von andern Fotografien eingeprägt hat. Dieses Drama war sicher noch jahrelang immer wieder Gesprächsthema im Dorf und bei uns zuhause. - Mein Verstand musste lange üben, bis ich eine Schifffahrt wirklich genießen konnte und bis ich mich sogar in ein Ruderboot wagte. Fahrten mit der Autofähre über den Zürichsee sind längst zur Routine geworden. Trotzdem ist ein Respekt vor dem tiefen Wasser geblieben.

Erst im Rückblick wird der Ursprung von Ängsten ersichtlich und sind die Folgen nachvollziehbar. Ein Mann um die 50, nennen wir ihn Luka, im Beruf erfolgreich und trotzdem immer wieder rasch verunsichert, schildert seine Erfahrung so: „Wenn ich mich an meine Ängste in meiner Kinder- und Jugendzeit erinnere, ist mein erster Gedanke, dass es für mich immer ein Riesenstress war, mit mehreren Leuten zusammen in einem Raum zu sein. Ob das in der Schule war, auf Besuch, an einem Fest, in einer Diskussionsgruppe, an Sitzungen, usw., ich habe mich nie getraut etwas zu sagen und war immer froh, wenn ich wieder allein war. Wenn ich etwas gefragt wurde war ich völlig blockiert. Falls ich überhaupt etwas sagte, sprach ich ohne zu überlegen. Nachher war ich immer über mich enttäuscht. Aber das habe ich so schnell wie möglich verdrängt. So wie ich das verstanden habe, hatte diese Unsicherheit damit zu tun, dass mir jedes Selbstwertgefühl fehlte. Irgendwie habe ich das Gefühl, jetzt zu verstehen, was da in meiner Kinder- und Jugendzeit abgelaufen ist. Eine unsichere und wankelmütige Mutter mit etwas sehr einfache Ansichten. Ich wusste nie, was mich erwartete, wenn ich von der Schule nach Hause kam. Einmal war alles bestens, ein andermal war alles falsch an mir. Der Vater, der sich als Chef der Familie fühlte, hatte genug zu tun mit seinem Ego. Ich war ihm lästig, wenn ich kritisch war und unbequeme Fragen stellte. Sobald ich mich selbst abwürgte und sein Spiel mitspielte, war die Situation gerettet. Kurz gesagt, ich wurde darauf dressiert, mich fraglos anzupassen."

Mit Durchhaltewille und mit viel Arbeit an sich selbst gelang es Luka nach und nach aus diesem „Spiel": alle andern sind richtig, nur ich bin falsch, auszusteigen und seine Minderwertigkeitsgefühle ein gutes Stück abzubauen.

Schreckerlebnisse können nachhaltig wirken

Andere, bisher ungewohnte Ängste kann man sich durch Schreckerlebnisse einhandeln. Nehmen wir an, Sie sind dabei auszugehen, öffnen die Wohnungstüre und Sie erschrecken fürchterlich, weil jemand vor der Tür steht und gerade seine Hand erhebt, um die Türklingel zu betätigen. Das ist eines der gewöhnlichen Schreckerlebnisse, die wohl jeder in irgendeiner Form kennt. In der Regel verfliegt die erlebte Angst rasch wieder, es sei denn, die Szene rufe ein früheres, ernsthaftes Bedrohungs- oder Überfallerlebnis wieder wach.

Wer von einem Auto fast überfahren wurde, aber der Fahrer in letzter Sekunde mit einer Vollbremsung das Unglück vermeiden konnte, hat das Quietschen der Reifen noch lange im Ohr. Es ist nicht ungewohnlich, wenn dieser Mensch noch nach Jahren zusammenzuckt, wenn ihn das Quietschen eines brüsk bremsenden Autos überrascht, auch wenn für ihn selbst keine Gefahr besteht.

Seline, eine psychisch durchaus robuste und keineswegs ängstliche Frau, meidet die Nähe von Hunden, seit sie von einem Hund angefallen und an einem Bein schwer verletzt wurde. Der Anblick eines großen Hundes löst eine Angst aus, die sich nicht so einfach ignorieren lässt. Vor diesem Hundebiss hatte Seline überhaupt keine Angst vor Hunden.

Kay war sorglos zur Prüfung angetreten. Bisher hatte er alle Examen problemlos bestanden. Doch diesmal ging es schief. In der Folge steckte die Angst vor neuerlichem Versagen tief in den Knochen. Beim dritten und letztmöglichen Versuch hatte er es dann doch, mit Unterstützung, geschafft. So locker wie früher ging er nie mehr in eine Prüfung oder eine prüfungsähnliche Situation hinein.

Ein fürchterliches Schreckerlebnis in seiner frühen Kindheit hat das Leben von Léon dauerhaft geprägt. An einem schönen Tag spielte er mit seinem kleineren Bruder im Park neben dem Haus. Dabei fand er am Wegrand eine weiße Tüte mit blauen Bonbons, die jemand verloren haben musste. Gut erzogen wie er war, wollte er sie sofort den Eltern bringen. Doch der kleine Bruder ließ Léon keine Ruhe und wollte von den Bonbons haben. Er konnte dem Drängeln nicht widerstehen und gab ihm eines davon. Die beiden liefen dann nach Hause. Kaum waren sie in der Wohnung, fiel der Kleine in Ohnmacht. Obwohl das Kind sofort ins Krankenhaus gebracht wurde, war sein Leben nicht mehr zu retten. In der Tüte waren keine Bonbons, sondern ein hoch dosiertes Medikament für Erwachsene. - In ihrem Schmerz wurde Léon von seinen Eltern schuldig gesprochen, er habe den kleinen Bruder umgebracht. Die Schuldgefühle und die Angst vor den Folgen seiner „Tat" hatten ihn krank gemacht. Zwar hat er als Erwachsener vom Verstand her eingesehen, dass er für den Tod seines Bruders nicht verantwortlich gemacht werden konnte. Trotzdem quälten ihn die Ängste in bösen Albträumen und psychotischen Episoden noch viele Jahre lang. Im Laufe der Zeit und mit fachlicher Hilfe lernte Léon, seine Angst zu kontrollieren. Berufliche Tätigkeiten im Rahmen seiner

Möglichkeiten und sinnvolle Freizeitbeschäftigungen halfen mit, nach und nach einigermaßen ins Gleichgewicht zu kommen.

Ängste können ausgenützt und missbraucht werden

Die Angst und die Möglichkeit, Menschen Angst zu machen, gibt jenen, die es darauf angelegt haben, Macht, über Verängstigte zu herrschen oder sie auszunützen. Haben Sie sich schon einmal überlegt, wie viele von den Ängsten der Menschen leben? Haben Sie schon einmal darüber nachgedacht, wer den eigenen Wohlstand, die eigene Macht ängstlichen und eingeschüchterten Menschen verdankt? Da werden zum Beispiel Gesundheitsprobleme übertrieben dramatisiert, um das eigene Geschäft zu beflügeln. Politische Populisten und Tyrannen schüren überall auf der Welt Ängste, um Macht zu gewinnen und Macht zu erhalten. Religiöse Fanatiker, oft selbst von Ängsten geplagt, versuchen durch ihre Theorien und Angstpredigten andere Verängstigte um sich zu scharen, unter anderem deshalb, um mit der eigenen Angst nicht alleine zu sein. Mit Angstmachen werden Kinder, Mitarbeiter, Frauen, usw. diszipliniert, auch um eigenes Versagen und eigene Verfehlungen zu vertuschen. Ich erinnere mich an eine Frau, die an der Kasse eines großen Detailhändlers arbeitete. Sie suchte, völlig verängstigt, Hilfe, weil sie vom Filialleiter beschuldigt wurde, Geld unterschlagen zu haben. Mit Unterstützung wagte sie schließlich eine Aussprache mit dem Personalchef. Daraufhin wurde eine Untersuchung eingeleitet mit dem Resultat, dass der Filialleiter als Dieb überführt wurde.

Auch im breiten Feld psychologischer und seelsorgerlicher Hilfsangebote werden Ängste von Hilfesuchenden missbraucht. Da sind selbsternannte Helferinnen und Helfer ohne jede Fachkenntnis, die sich auf Kosten anderer wichtig fühlen. Das Kursangebot für Menschen mit Problemen und Lebensängsten ist unübersichtlich. Verunsicherte Menschen mit geringem Selbstvertrauen werden besonders leicht zum Opfer. Ihre „Warnlampe" leuchtet zwar auf, aber sie erlauben sich häufig nicht, aufgrund der eigenen Wahrnehmung ein Urteil zu fällen, wem sie trauen und von wem sie wirkliche Hilfe erwarten können. Nach ein paar wenigen Sprechstunden oder nach einem Kurswochenende ist es eigentlich klar, wenn das Vertrauen fehlt, wenn „die Chemie" nicht stimmt und wenn das, was im Kurs geschieht, mehr Angst macht als hilft. Aber die Angst vor der möglichen Reaktion der „Autorität" verhindert oft den rechtzeitigen Ausstieg. Wer sich dann doch zum Abbruch durchringen kann, wird von neuen Ängsten geplagt. Ich denke an den Jugendlichen, der sehr unter den familiären Schwierigkeiten und Lebensängsten litt und sich nach Hilfe umsah. Er wurde von einem freundlichen Mann dazu eingeladen, die Ferien in einem Haus seiner Organisation zu verbringen. Dort hätte man viel Zeit zu Gesprächen. Diese Versprechung entpuppte sich aber als reine Täuschung. Der junge Mann wurde vom ersten Tag an, vom frühen Morgen bis spät am Abend, bloß zu einer Unzahl religiöser Übungen angehalten, und das unter ständiger Kontrolle. Als er immer stärker auf Gespräche drängte, hagelte es bald massive Vorwürfe, die bei ihm noch mehr Schuldgefühle auslösten und die ihn noch stärker quälten als bisher. Noch rechtzeitig wurde ihm klar, dass er von diesen Leuten keine wirkliche Hilfe erhalten würde. In einer Nacht floh er endlich aus diesem Haus. Er brauchte viel Zeit, um diese Vorwürfe gegen sich selbst und die falschen Schuldgefühle los zu werden und die Ängste abzubauen.

Die Macht von Ängsten lässt sich zähmen

Ängste kennen und verstehen lernen

Dem engagierten Lehrer Hans Zulliger fiel die Hilflosigkeit vieler Eltern und Erzieher im Umgang mit Ängsten von Kindern auf. Er machte die Feststellung, wie sehr Ängste Kinder in ihrer Entwicklung und in ihren Lernfähigkeiten behindern können. Und er konnte in seiner pädagogischen und therapeutischen Arbeit mit Kindern beweisen, dass Hilfe möglich ist und dass irreale Ängste aufgelöst werden können. Wie damals erhalten auch heute nicht alle Kinder die nötige Hilfe im Umgang mit ihren Ängsten. Es ist auch nicht möglich, schon in der Kinder- und Jugendzeit zu lernen, mit allem, was je Angst machen kann, sinnvoll umzugehen. Eines kann ich sowohl aus meiner persönlichen wie beruflichen Erfahrung mit Sicherheit sagen: Es ist nie zu spät, sich mit seinen Ängsten auseinander zu setzen.

Im Erwachsenenalter und mit zunehmender und reflektierter Lebenserfahrung sind die Chancen verständlicherweise größer, Zusammenhänge verstehen zu lernen und adäquate Verhaltensweisen einzuüben. Aber auch im höheren Alter ist es grundsätzlich möglich, die Macht von Ängsten einzudämmen. Solange Ängste bewusst bearbeitet werden können, ist es möglich, unterscheiden zu lernen zwischen den hilfreichen (wenn auch unbequemen) Ängsten und solchen, die "nur" quälen, blockieren und tyrannisieren. Die hilfreichen verlieren ihren Schrecken, und ihre "Warnlichter" können ihren Zweck erfüllen. Die reinen Quälgeister und Tyrannen verlieren ihre Macht. Das Ziel ist ein freieres Leben, in dem die eigenen Entwicklungsmöglichkeiten nicht von Ängsten behindert oder gar blockiert werden. Hans Zulliger wollte "eine möglichst angstfreie Generation heranbilden". [7] In diesem Punkt kann ich sein Anliegen nur beschränkt teilen. Es ist weder möglich, noch scheint es mir hilfreich, frei von jeglicher Angst zu sein. Es ist wichtig, rational begründete Ängste nicht zu ignorieren und zu verdrängen, sondern sie anzunehmen und ihre Warnfunktion zu verstehen. Ängste, die von traumatisierenden Erlebnissen her rühren, sind meist nicht mehr auszulöschen. Aber man kann lernen, sie einzuordnen und mit ihnen so zu leben, dass sie den Lebensalltag nicht, oder nicht mehr wesentlich, beeinträchtigen.

Angstgespenster

Intensive Angst ist oft eine Ansammlung von Ängsten, zum Beispiel wie eine Kette von sich wiederholenden, gleichen oder ähnlichen Angsterlebnissen, oder eine Ansammlung von ganz verschiedenen Ängsten, die als einzelne nicht (mehr) wahrgenommen werden. Sie werden zu einem diffusen, gar mächtigen Gebilde und wirken ähnlich wie eine leintuchbedeckte Gespenstergestalt: Für Art und Ausmaß der Bedrohung fehlen überprüfbare Anhaltspunkte. Die eigene Ängstlichkeit und die Fantasie bestimmen das Maß der Angst und nicht die wirkliche Gefahr.

Wenn sich mehrere Erfahrungen zu einer Angstkette zusammengefügt haben, erlebt der betroffene Mensch seine aktuelle Angst oft selbst als übertrieben, ohne zu wissen weshalb.

Wenn sich ein Angstgespenst vor einem aufplustert, besteht das Risiko, dass man erstarrt wie das Kaninchen vor der Schlange. Dann ist man nicht mehr in der Lage, klar zu denken, dann wird man handlungsunfähig. Die Realität versinkt im Nebel der Angst. Wenn man es aber wagt, sich diesem Angstgespenst zu nähern, werden die einzelnen Ängste erkennbar, die sich zu dieser gespenstischen Gestalt zusammengefunden haben. Dann bekommen die konkreten Ängste einen Namen und eine eigene Gestalt, zum Beispiel, die Angst im Beruf zu versagen, die Angst verlassen zu werden, die Angst in einer wichtigen Sache eine Fehlentscheidung zu treffen, die Angst vor dem finanziellen Ruin, die Angst eine bestimmte Krankheit zu bekommen, die

Angst vor dem Älterwerden. Je zahlreicher die Ängste, die sich zusammenballen, desto beängstigender ist das Gespenst. Zudem besteht die Gefahr, dass sich mit der Zeit irrationale Ängste dazu gesellen wie eine generelle Angst vor Fremden oder vor unheimlichen Krankheiten oder vor Verarmung.

Seit einiger Zeit trug Herr Dörflinger eine dumpfe Angst vor dem Verlust seiner Arbeitsstelle mit sich herum. Ein Kollege, der in einer anderen Firma beschäftigt war, hatte vor ein paar Wochen seine Stelle infolge von Personalabbau verloren. Aber weshalb Herr Dörflinger ohne konkreten Anlass und ohne jedes Anzeichen, dass an seinem Arbeitsplatz Stellen gefährdet seien, von dieser Angst gequält wurde, war ein Rätsel. Doch die Angst blieb bei allem Realitätsvergleich schwer und tief. Das sah ganz nach einem Angstgespenst aus. Beim näheren Hinsehen wurde klar, es hatte sich eine ganze Palette von Ängsten, hinter einem nebelartigen Schleier versteckt, zusammengefunden. Da war die bereits bekannte Angst vor dem Stellenverlust. Der Stellenverlust würde schwere finanzielle Probleme nach sich ziehen. Herr Dörflinger hatte vor ein paar Jahren ein Haus gekauft. Sollte er die Stelle verlieren und nicht rasch eine neue Arbeit finden, würde er sein Haus verkaufen müssen. Als Folge davon, fürchtete Herr Dörflinger, würde ihn seine Frau verlassen, denn sie hatte sich damals sehr auf ein eigenes Haus gefreut. Sie würde von ihm, dem Versager, schwer enttäuscht sein. Nachdem diese dumpfe Angst als Angstgespenst enttarnt war, ging es um den Versuch, die einzelnen Ängste auf mögliche Realität hin zu überprüfen. Dass Herr Dörflinger von seiner Frau verlassen würde, bei aller verständlichen Enttäuschung, sollte die Befürchtung überhaupt eintreten, erwies sich als sehr unwahrscheinlich. Sie war bisher in schwierigen Momenten immer zu ihrem Mann gestanden. Bei der Betrachtung der finanziellen Situation zeigte sich, dass es erst in etwa fünf Jahren kritisch werden würde, sollte er wirklich die Stelle verlieren und arbeitslos bleiben. Aber was steckte wirklich hinter dieser rätselhaften Angst? Nach längerem Suchen wurden wir doch fündig. Es hatte sich bei Herrn Dörflinger nach und nach ein Gefühl eingeschlichen, seiner Arbeit bald nicht mehr gewachsen zu sein. Weil er diese Sorge verdrängt hatte, hatte er auch nicht versucht zu klären, was denn mit ihm los war. Da war zu klären, ob die Angst vor der Angst ihn müde gemacht hatte, ob seine Leistungsfähigkeit wirklich so sehr nachgelassen hatte, wie er meinte, oder ob eventuell ein gesundheitliches Problem vorlag. Und das war es dann auch. Es erwies sich glücklicherweise als gut behandelbar. Die Angst - anfänglich war es erst eine Sorge über zunehmende Müdigkeit - wollte Herrn Dörflinger dazu motivieren, zu seiner Gesundheit besser Sorge zu tragen. Weil er diese Sorge nicht ernst nahm, mutierte sie zu einem Angstgefühl. Weil er die Angst verdrängte, rief sie weitere Ängste hinzu. Und daraus ballte sich dieses Angstgespenst zusammen.

Erst bei genauerer Betrachtung zeigt sich, ob eine bestimmte Angst einen Bezug zu einer realen, mich wirklich betreffenden Gefahr hat, oder ob es im Sinne einer möglichen Bedrohung eben ein Angstgespenst ist. Solche „Gespenster" haben die Möglichkeit, einen einzuschüchtern, aber in Wirklichkeit können sie einem nichts anhaben. Jedoch steckt oft doch eine Ursache dahinter, die wahrgenommen werden will.

Aus einer Ansammlung von Ängsten entsteht leicht ein Angstgespenst. Das verschleiert den Blick auf die konkrete und reale Ursache der Angst.

Wenn auch der liebe Gott Angst macht

Die Bemühungen der Menschen, Gott zu erkennen und zu verstehen, beruhen immer auf menschlichem Vorstellungsvermögen. Das Alte Testament vermittelt uns einen von anthropomorphen Vorstellungen geprägten Gott: einen übermächtigen, dem Menschen grundsätzlich wohlwollenden, gleichzeitig liebevollen aber auch äußerst strengen und, wenn nötig, grausam zürnenden Gott. Also einen klassischen Patriarchen, bei dem man es gut hat, solange man pariert. Im Neuen Testament wird uns ein väterlicher, menschenfreundlicher, großzügiger, verzeihender Gott vermittelt, der aber gleichzeitig hohe Anforderungen stellt wie unbedingte Zuneigung und Einhaltung seiner Vorschriften. Wer sich mit klarer Entscheidung gegen ihn stellt, wird da landen, wo „...Heulen und Zähneknirschen..." sein wird. Dieser Gott hat zwar außergewöhnliche Geduld. Schließlich wird aber zwischen Gut und Bös streng gerichtet.

Gottesbilder umschreiben, wie „die höhere Macht" denkt und handelt und was sie von uns erwartet. Enthalten ist immer auch die Überzeugung, dass es eine Gerechtigkeit geben muss, die dieser Gott irgendwann durchsetzen wird. Gottesbilder, auch im Christentum, werden und wurden zudem immer wieder zweckgerichtet beschrieben. Als Erziehungsmittel missbraucht, bekommt Gott die Gestalt eines allgegenwärtigen Polizisten. Manche Christen verstehen Gott als einen Marionettenspieler, der jeden Schritt und jede Bewegung der Menschen in der Hand und unter Kontrolle hat. Den einen gefällt diese Vorstellung, andere versetzt sie in Resignation.

Unter dem Einfluss der neuen Erkenntnisse über das Universum wandelt sich das Gottesbild zusehends zu einem übermächtigen, aber auch unerreichbaren Geistwesen. Ihm wird zugedacht, dass es durch einen gedanklichen Willensakt die Materie entstehen ließ und damit das Universum in Gang gesetzt hat. Darin sind alle seine Pläne, wie sich was entwickeln und vollenden soll, so impliziert, dass keine weitere Handlung der Gottheit vorgesehen ist. Was der Mensch mit sich und der Welt macht, ist seiner Freiheit, aber auch seiner Verantwortung, mit den entsprechenden Konsequenzen, überlassen.

In früheren Gottesvorstellungen steckte eher die Angst vor der Willkür der Gottheit, in neueren eher die Angst vor dem Im-Stich-gelassen sein. Welches Gottesbild auch immer ein Mensch in sich trägt, immer beinhaltet es auch ein kleineres oder größeres Maß an berechtigter Furcht vor diesem geheimnisvollen, mächtigen und bestimmenden Wesen.

Angst und (Ehr-)Furcht

Ein gesundes Gottesbild in einer gesunden Religiosität verbreitet nebst Hoffnung und Anziehungskraft immer auch Furcht. Furcht ist aber nicht Angst. Es ist das Ahnen der Größe und unbeschreiblichen Überlegenheit, was Ehrfurcht einflößt. Furcht ist auch insofern berechtigt, als das Nichtbeachten der wesentlichen Forderungen der Gottheit Konsequenzen hat. Furcht ist dann der richtige Ausdruck, wenn ich mich Forderungen unterordne in der Überzeugung, dass sie wohlwollend gemeint und zu meinen Gunsten gestellt sind.

Angst verbreitet eine Gottheit, der Willkür und Machtgehabe zugeschrieben wird. Angst löst auch das aus, was unter Androhung von Strafe von mir verlangt wird und mir gleichzeitig unverständlich bleibt.

Der Gott des Neuen Testamentes wird uns von Jesus nicht als Herrscherfigur dargestellt, sondern als liebevoller Vater, dem das Wohl der Menschen am Herzen liegt. Aber er ist nicht ein Vater, der sich alles bieten lässt. Er wird großzügig Verfehlungen vergeben, vorausgesetzt, der Mensch ist auch bereit andern zu verzeihen. Mit seinen hohen, sehr hohen ethischen Ansprüchen an die Menschen kann er sehr wohl auch Furcht einflößen. Zudem stellt uns Jesus in seiner Rede über die Endzeit seinen Vater in einer Ehrfurcht gebietenden überlegenen Größe dar im Satz: „Jenen Tag aber und jene Stunde kennt niemand, die Engel im Himmel nicht, der Sohn nicht, nur der Vater." Mt 24,36
Wer aber mit angstmachenden Vorstellungen und Forderungen Menschen

einschüchtert, um sie zu bestimmten Glaubens- und Verhaltensformen zu bewegen oder gar zu zwingen, kann sich nicht auf die christliche Botschaft berufen.

Angst kann anstecken, aus Angst kann Panik entstehen

Angst ist ein vielseitiges Phänomen. Dazu gehört auch, dass Angst ansteckend sein kann. Erwachsene geben oft ihre eigenen Ängste an ihre Kinder weiter. Das geschieht zum einen unabsichtlich, einfach durch das, was Kinder spüren, beobachten oder mithören, zum Beispiel die Angst vor Liebesverlust, die Angst, das Leben nicht zu meistern, die Angst vor materiellen Verlusten. Frau E. wird phasenweise von tief liegenden Ängsten umgetrieben, die aus ihrer Kindheit stammen. Sie versuchte diese Ängste vor ihrer Tochter zu verbergen, weil sie ihr Kind keinesfalls damit belasten wollte. Eines Tages musste sie feststellen, dass die Kindergartenschülerin sehr wohl ihre Ängste wahr- und aufgenommen hat.

Wer öfters angstmachende Predigten anhört oder anhören muss, wird mit der Zeit diese Angst internalisieren. Da ist kein Unterschied, ob dies im profanen oder im kirchlichen Rahmen geschieht. Die Angstpredigten von Endzeit-„Propheten" können immer wieder Menschen in ihren Bann ziehen. Im schlimmsten Fall lassen sie sich willenlos in den Tod treiben, wie das bei den Sonnentemplern geschehen ist. Ebenso tragisch, aber von der Öffentlichkeit kaum wahrgenommen, sind die ungezählten psychischen Abstürze und Erkrankungen als Folge solcher Angstmacherei.

Angstausbrüche eines Menschen haben die Tendenz auf andere überzuspringen. Wenn in einer Ansammlung von Menschen eine kritische Situation entsteht und jemand vor Angst zu schreien beginnt, breitet sich die Angst sehr schnell auf einen großen Teil der Anwesenden oder gar auf alle aus. Die schlimmste Form davon ist die Panik, die, einmal ausgebrochen, nicht mehr gestoppt werden kann. Aber auch in weniger dramatischer Form geschieht es immer wieder, dass die Angst eines Einzelnen andere ansteckt. Aus irgendeiner Ecke taucht das Gerücht auf, der geschätzte Abteilungsleiter werde bald durch einen Hardliner ersetzt, weil er seine Mitarbeiter nicht genug fordere. Ein Mitglied der Gruppe gerät in Angst und sucht für seine Angst Verbündete. Nach und nach schleicht sich diese Angst auch bei andern ein, selbst wenn es keine realen Anhaltspunkte dafür gibt und sich das Ganze später als reines Gerücht erweist.

Übersteigerte Ängste werden aber auch bewusst eingeimpft, Angst vor der Zukunft, Angst vor Schulversagen, Angst vor „den Männern", Angst vor Schlangen, usw.

Angst kann auch verbinden

Eine Kollegin erzählte mir folgende Begebenheit. Sie und ihr Mann gingen gerne in einem weitläufigen Wald in der Nähe ihres Wohnortes spazieren. An einem dieser Abende wurde es etwas später als üblich, und sie wählten eine ausgedehntere Route als gewöhnlich. Es wurde dunkel. Und auf einmal ging ihnen auf, dass sie die Orientierung verloren hatten. Auf der Suche nach dem Ausweg aus dem Wald klammerte sie sich fest an ihren Mann. Nach einer Weile wagte sie zu sagen: „Du, ich habe Angst." Und er erwiderte; „Ich auch." Im ersten Augenblick war sie zu Tode erschrocken. Wie würde das Abenteuer ausgehen, wenn ihr Mann sich fürchtete?! Aber nach wenigen Schritten überkam sie eine Schauer des Glücks. Sie hatte sich noch nie so eng mit ihrem Mann verbunden gefühlt. - Nach langem Suchen haben sie gemeinsam den Weg aus dem Wald wieder gefunden.

Ich bin in einem mehrere hundert Jahre alten Holzhaus aufgewachsen. Hätte bei einem Gewitter in der Nacht ein Blitz eingeschlagen, hätten wir nicht nur unser Haus verloren. Deshalb mussten wir bei heftigen Gewittern in der Nacht aufstehen, uns anziehen und in der Stube versammeln. Da entstand dann eine dramatisch-feierliche, ja fast wohlige Stimmung, von kurzen

Schreckmomenten unterbrochen, wenn in der Umgebung ein Blitz hörbar eingeschlagen, aber unser Haus verschont hatte.

Angst kann auch ganz anders verbinden. Man kann immer wieder beobachten, wie Untergebene eines Chefs, der von allen gefürchtet wird, durch dick und dünn zusammenhalten. Solche Schicksalsgemeinschaften brechen oft auseinander, kaum ist dieser Chef durch eine freundlichere Person ersetzt worden. Das gleiche Phänomen zeigt sich auf der politischen Ebene. Wenn es darum geht, einen tyrannischen Herrscher zu stürzen, verbinden sich die divergierendsten Gruppen. Ist der Umsturz geglückt, bricht die Allianz auseinander und „Freunde" werden von einem Tag zum andern zu Feinden. Beispiele erleben wir genug.

Oder ein anderes Beispiel: Eine Frau und ein Mann aus verschiedenen Ländern und Erfahrungswelten trafen sich zufällig in der Schweiz, wo sie Arbeit gesucht und gefunden hatten. Beiden fiel es schwer, sich in der neuen Umgebung, in den ungewohnten Verhältnissen zurechtzufinden. Unglücklicherweise hatten beide auch am Arbeitsplatz mit Problemen zu kämpfen. Die Angst, sie könnten beide die Stellen verlieren und ihr Aufbruch in eine bessere Zukunft könnte in einem Fiasko enden, schweißte sie zusammen. Die gegenseitige Unterstützung half ihnen, die Schwierigkeiten zuerst einmal auszuhalten, aber bald auch sich besser zurechtzufinden, was die Situation am Arbeitsplatz spürbar verbesserte. Sie kamen sich auch persönlich näher und sahen sich schon als Paar. Aber je besser es ihnen im Allgemeinen ging, umso stärker entdeckten sie gegenseitig ihre Verschiedenheiten. Was scheinbar so wundervoll begann, endete in Sachen Partnerschaft in einer großen Enttäuschung. Ihre allzu gegensätzlichen Charaktere und Lebensvorstellungen waren in der schwierigen Zeit ruhiggestellt, medizinisch würde man sagen sediert, sodass sie von den Beiden nicht wahrgenommen werden konnten.

"Ich habe bisher geglaubt, ich hätte keine Angst."

Ängste hat jeder Mensch. Das heißt nicht, dass sie einen pausenlos piesacken würden. Wenn nichts Aufregendes oder Bedrohliches geschieht, nimmt man sie in der Regel nicht wahr. Man könnte sich das so ähnlich vorstellen: Jemand ist mit dem Auto unterwegs und realisiert nicht, dass ein blinder Passagier im Fond des Wagens versteckt mitfährt. Die Angst fährt immer, meist unbeachtet, mit. Nur, solange alles gut läuft, nimmt man diese geheime Mitfahrerin nicht wahr. Jeder Mensch kann in eine Situation geraten, in der er plötzlich von einer Angst befallen wird, die ihm völlig fremd ist. Nicht alltäglich scheint mir, dass jemand erst bei einer solchen Gelegenheit überhaupt entdeckt, dass auch er Angst haben kann. In einer Kursgruppe besprachen wir eigene Angsterfahrungen: Welche Ängste spielten in der Kindheit eine Rolle? Wie gingen die Erwachsenen mit ihrer eigenen Angst um? Wie reagierten sie auf Ängste der Kinder? Mit welchen Ängsten haben sie sich jetzt, im Erwachsenenalter, auseinanderzusetzen? Ein Gruppenmitglied, das anfänglich mit Überzeugung behauptet hatte, es kenne keine Angst, stellte gegen Schluss der Arbeit verwundert fest: "Ich habe bisher geglaubt, ich hätte keine Angst."

Wir können wohl eine große Fertigkeit entwickeln, Angst hinter allem Möglichen und Unmöglichen zu verbergen. Ich denke dabei unter anderem an folgende Begebenheit: Ich hatte mich gleich zweimal nacheinander von Telefonistinnen städtischer Amtsstellen abwimmeln lassen. Hinterher habe ich mich über die Arroganz dieser beiden Damen geärgert. Und dann ist mir auf einmal bewusst geworden, wie viel Angst die beiden wohl ausgestanden haben müssen, Angst, meinem Drängen, den Chef persönlich sprechen zu wollen, nicht standhalten zu können. Sie haben sicher erleichtert aufgeatmet, als ich mich für den schriftlichen Weg entschlossen habe. Arrogantes Auftreten, Machtausübung sind Möglichkeiten, Ängste zu verdecken. Wie heißt doch der Spruch: „Harte Schale, weicher Kern." Auf der anderen Seite habe ich Hemmungen, die Immerfröhlichen und Immerstarken auf ihre ungetrübte Lebensfreude anzusprechen. Wie oft ist es schon geschehen, dass dann die schöne Fassade in sich zusammengestürzt ist. Ängste haben wir alle, ob wir sie kennen, ob wir zu ihnen stehen oder nicht. Dass "normale" Ängste Sinn haben, uns vorsichtig machen oder auch oft so etwas wie ein Schutzengel sind, ist vielen Menschen fremd. Übertriebene, allzu mächtige Ängste können aber Fesseln, ein Gefängnis, unüberwindliche Schranken sein. Ängste werden ganz neu erlebt, wenn ihre Hintergründe sichtbar werden.

Wer dem Leben und den Menschen misstraut

Sind immer die Mütter schuld?

Ein klärendes Wort zur Mutter- und Kindbeziehung: In diesem Buch und vor allem in diesem Kapitel zeigen mehrere Beispiele Zusammenhänge zwischen Ängsten und andern Lebensproblemen auf, die auf die frühe Kindheit zurückzuführen sind. Diese stehen meist in Beziehung zu schwierigen Situationen, in der die Mutter damals steckte. Ich möchte keinesfalls, dass dies als Schuldzuweisung verstanden wird. Die Mutter ist nun einmal die engste und wichtigste Bezugsperson eines Kleinkindes. Und ihre Situation beeinflusst und prägt das kindliche Erleben in den ersten Lebensjahren stark. Das lässt sich nicht verhindern, wie ein vorstehendes Beispiel zeigt. Aber es ist möglich, dem Kind zu helfen, die damit zusammenhängenden Ängste zu relativieren. Das setzt voraus, dass die Erwachsenen zu ihrer Problematik stehen und sie den Kindern - kindgerecht - erklären. - Dasselbe gilt natürlich genau so für Väter und Ersatzbezugspersonen eines Kindes.

Grundvertrauen und Grundangst, Urvertrauen und Urangst

Mit einer ausgesprochen schwierigen Angstproblematik müssen Menschen leben lernen, die mit fehlendem oder beschädigtem Ur- und Grundvertrauen aufwachsen sind. Anstelle des Vertrauens ins Leben und in Beziehungen hat sich ein Urmisstrauen festgesetzt. Diese Problematik und ihre Zusammenhänge zu erkennen ist selbst für Fachleute eine spezielle Herausforderung. Für Betroffene ist es aber wichtig Hilfe zu bekommen, um sich selbst und seine Ängste und entsprechende Reaktionen verstehen zu können. Das erst schafft die Voraussetzung für die Bereitschaft, sich auf den schwierigen Weg zu machen Vertrauen zu sich und Mitmenschen aufzubauen.

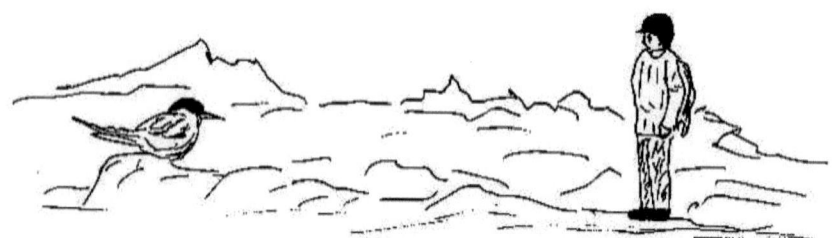

Antarktische Tiere haben keine Angst vor Menschen, weil sie bisher nie einen Menschen gesehen und deshalb auch keine schlechten Erfahrungen gemacht haben. Das sagt ein Naturforscher, der lange in der Antarktis Vögel beobachtet hatte, in einem Dokumentarfilm.

Bei uns ist das anders. Auch unter uns Menschen. Wir haben alle Erfahrungen mit andern gemacht. Wohl deshalb sind Ängste unter uns, in der Familie, in der Nachbarschaft, im Bekanntenkreis, am Arbeitslatz so verbreitet. Und so vieles ist und bleibt allein dieser Ängste wegen ungelöst.

Grundangst ist gestörtes Grundvertrauen

Von Natur aus sind wir Menschen mit einem physiologischen und einem psychologischen Basisvertrauen ausgestattet, üblicherweise Urvertrauen genannt. Aufgrund meiner Beobachtungen finde ich es sinnvoll, diesen zwei Vertrauensanteilen je einen Namen zu geben, Grundvertrauen für den physischen Anteil und Urvertrauen für den psychischen. Grundvertrauen ist die Lebensgewissheit, die bereits dem Organismus des Fötus innewohnt. Man kann auch sagen, es ist die Basis der gesunden physischen Konstitution eines Menschen, das Vertrauen in die eigene (Über-)Lebensfähigkeit, in die eigene Lebensenergie. Inzwischen weiss man, dass der Fötus im Mutterleib sowohl auf positives wie auf negatives Geschehen reagiert und diese auch registriert. Die Grundangst ist eine Reaktion auf lebensbedrohliche Situationen. Der Fötus registriert innere und äußere Bedrohungen, die sein Leben gefährden. Die Bedrohung kann eine Krankheit der Mutter, eine Entwicklungsstörung oder eine äussere Einwirkung sein wie ein Unfall oder ein anderes Schockerlebnis der Mutter. Der Organismus „erinnert" sich in gravierenden Fällen auch nach der Geburt daran. Der Schrecken bleibt dann unter Umständen ein Leben lang im „Gedächtnis" des Organismus haften, was bedeutet, dass er „dem Leben nicht mehr richtig traut."

Klare Zusammenhänge lassen sich herstellen zwischen lebensgefährlichen Krankheiten im Kleinkindesalter, vor allem wenn sie länger gedauert haben, und späteren Überlebensängsten. Ein gestörtes Grundvertrauen verursacht auch ein mangelndes Vertrauen in die physischen Energien und Fähigkeiten. Es sitzt dann ständig, mehr oder weniger wahrnehmbar, die latente Angst im Nacken, den Anstrengungen des Lebens nicht gewachsen zu sein. - Eine Frau um die 40, die sich selbst als Hypochonderin bezeichnet, weiss, dass sie beim kleinsten Anflug einer Unpässlichkeit überreagiert. Sie schafft es (noch) nicht, die Angst selbst wieder „abzuschalten", auch wenn ihr der Verstand klar sagt: 'Dir fehlt nichts'. Sie braucht jedes Mal die Bestätigung des Arztes, um sich wieder sicher zu fühlen.

Auch ohne Kenntnis von wissenschaftlichen Untersuchungen und schon bevor es solche gab, „wusste" die einfache Bevölkerung davon, dass Schreckerlebnisse von Schwangeren das Wesen des Kindes beeinflussen können. So hörte ich schon als Kind, dass das auffällige Aussehen oder das eigenartig ängstliche Verhalten von Menschen in unserem Bekanntenkreis mit einem Schreckerlebnis der Mutter erklärt wurde.

Urangst ist gestörtes Urvertrauen

Urvertrauen hat einen psychologischen und einen soziologischen Anteil. Der soziologische Aspekt ist das Vertrauen in andere, zuallererst natürlich das Vertrauen in die Mutter, bei der sich das Kind geborgen und sicher fühlt. Und man nimmt nicht ohne Grund an, dass das Kind bereits im Mutterleib Akzeptanz und Zuneigung wahrnimmt. Die Resonanz der mütterlichen Stimme ist dem Neugeborenen bereits vertraut. Der psychische Anteil ist das Vertrauen in sich selbst: „Es ist gut, dass ich bin. Ich darf sein, wer ich bin." Das ist die Erfahrung, die der Säugling von der ersten Stunde an machen kann, vorausgesetzt, er wird von der Mutter vorbehaltlos angenommen. Dann sind die Voraussetzungen gegeben, unter denen ein psychisch stabiler, ausgewogener Mensch mit einem gesunden Selbstvertrauen heranwachsen kann.

Das Gegenteil ist die Urangst, die sich im Kind festsetzt, wenn es sich verloren oder gar unerwünscht fühlt. Die Urangst ist eine psychische Reaktion auf fehlende Elternliebe und auf Verlassenheitserfahrungen. Das Urvertrauen wird gestört, wenn die emotionale Zuwendung der Mutter, des Vaters, aus welchen Gründen auch immer, fehlt, und wenn keine Ersatzperson das Manko ausfüllt. Ein Verlassenheitstrauma kann das Urvertrauen nachhaltig erschüttern. In früheren Zeiten geschah das oft als Folge eines längeren Krankenhausaufenthaltes eines Kindes, weil Besuche nicht gestattet waren, nicht einmal die der Eltern. Auch längere krankheitsbedingte Abwesenheit der Mutter und gleichzeitig die emotionale Abwesenheit der Betreuungspersonen können die Entwicklung eines Urvertrauens verhindern. Ein anfänglich vorhandenes Urvertrauen kann auch gestört werden, wenn das Kind früh Mutter oder Vater verliert, bei denen es sich geborgen fühlte und wenn der zurückbleibende Elternteil oder die Ersatzperson überfordert ist und die nötige Nestwärme nicht geben kann. Wenn das Urvertrauen gestört, das heißt enttäuscht wurde, bleibt immer eine Verunsicherung, eine Angst zurück. Diese äußert sich bei den einen als Angst, nicht ernst und angenommen zu werden als Individuum mit seiner Besonderheit und Eigenständigkeit, letztlich nicht geliebt zu werden. Manche reagieren auf dieses Gefühl von Unverstandensein mit Trotz: So bin ich, auch wenn es euch nicht gefällt. Andere leben im ständigen Gefühl, dass etwas falsch sei an ihnen. Wieder andere erleben sich als Außenseiter und leben in ständiger Angst, negativ aufzufallen, nicht dazuzugehören. Sie versuchen dann oft alles, um angenommen zu werden, zum Beispiel mit übermäßiger Anpassung. Die fatale Folge von solcher Selbstverleugnung ist, dass damit das Ziel nicht erreicht werden kann. Wer so akzeptiert und geliebt wird, realisiert oft spät, dass die Liebe nicht wirklich ihm gilt, sondern jener Person, die er vorgibt zu sein.

Urvertrauen ist ein zartes Pflänzchen

Dass ein Kind auch unausgesprochene und verborgene Ablehnung wahrnehmen kann, illustriert die folgende Lebensgeschichte. Lydia, eine Frau um die 50, vereinbarte einen Termin, um eine aktuelle Situation zu besprechen, wobei es sich nicht um ein gravierendes Problem handelte. Eher nebenbei kamen wir auf ihre Beziehung zur Mutter zu sprechen, die gerade in dieser Zeit zu Besuch gekommen war. In diesem Zusammenhang erzählte Lydia, dass sie seit Kindheit mit dem Gefühl herumlaufe, sie sei ein unerwünschtes Kind gewesen. Sie schob dieses Gefühl immer wieder zur Seite, einmal, weil sie es grundsätzlich nicht wahrhaben wollte, aber auch deshalb, weil sie nicht den geringsten Anlass dazu fand. Im Gegenteil, die Mutter hatte gut, ja sehr gut für sie gesorgt. Und sie war nach wie vor sehr daran interessiert, dass es ihrer Tochter, dem dritten und jüngsten ihrer Kinder, gut geht.

Nach diesem Gespräch fasste Lydia Mut und erzählte ihrer Mutter von diesem Gefühl. Die Mutter gestand ihr, dass sie damals tatsächlich die Absicht hatte und nahe daran war, das Kind abzutreiben, weil sie sich in der damaligen Situation völlig überfordert fühlte, ein weiteres Kind groß zu ziehen. Das schlechte Gewissen trieb sie in der Folge dazu, zu diesem Kind besonders gut Sorge zu tragen. Es war offensichtlich dieses Zuviel, was das Kind instinktiv als problematisch wahrnahm und es verunsicherte.

Fehlendes oder gestörtes Urvertrauen (wieder) aufzubauen, ist eine langwierige und schwierige Arbeit. Eine Mutter von zwei Kindern machte sich große Sorgen um ihre älteste Tochter. Nachdem diese nach der Pubertät mit dem Leben eine Weile recht gut zurechtkam, erlebte sie eine schwere Enttäuschung in einer Beziehung. Das hat sie „aus dem Gleise geworfen". In einem Gespräch, in welchem sich die Tochter etwas mehr als üblich öffnete, erfuhr die Mutter, dass die Tochter keine rechte Erinnerung an die Zeit zwischen dem 13. und 15. Lebensjahr hatte, nur so viel, dass es eine ganz schlimme, aussichtslose Zeit gewesen war. Das war die Zeit, in der die Mutter von einer massiven gesundheitlichen Krise heimgesucht worden war. Sie schaffte gerade noch knapp die Hausarbeit, hatte aber für die Kinder keine Energie mehr zur Verfügung. Später war sie noch länger abwesend in einer Kur. Zwar war der Vater da und versorgte die Kinder. Präsent war er für sie nicht und er bot ihnen keinen Halt, wie das schon bisher der Fall war. In Sachen Halt und Führung waren die Kinder ganz auf die Mutter angewiesen.

Vertrauen ist ein empfindliches Pflänzchen und ist auf ein günstiges Klima angewiesen. Und es will gepflegt werden.

Angst ist in letzter Konsequenz Verlust- und Überlebensangst

Jede Angst ist letztlich eine Angst vor dem Lebensende. Jörg Zink schreibt: „Wir ängsten uns ... nicht nur um unsere Welt, sondern auch um uns selbst. Wer sind wir eigentlich? Keine Generation hat so ratlos diese Frage gestellt wie die unsere.

Was meinen wir, wenn wir Seele sagen, und wie dringen wir in ihr tiefes, dunkles Geheimnis ein? Die moderne Tiefenpsychologie hat uns ungeahnte Einblicke in uns selbst geschenkt, aber das neue Wissen gibt uns noch keinen Halt, noch keine Gelassenheit und keine Freiheit. Und kaum je hat die Angst um die eigene Unversehrtheit und um den Sinn des Daseins überhaupt die Menschen so bedrängt wie heute." [8]

Wir können drei Grundängste unterscheiden:

- die Angst zu verlieren,

- die Angst zu versagen,

- die Angst vor dem Tod.

Wenn man diese schematischen Unterscheidungen genauer betrachtet, laufen sie letztlich an einem Punkt zusammen.

Die Angst, einen Gegenstand, etwa ein geliebtes Erbstück, zu verlieren, deutet ja nicht direkt auf die größte Verlustangst, die Angst vor dem Liebesentzug hin. Aber sie ist ein Teil davon. Es ist die Angst vor der Lücke, die zurückbleibt. Es ist die Angst vor dem Schicksal (Einbruch, Überfall, Naturereignis), das mir Geliebtes entreisst. Und eine Schicht tiefer ist es die Angst, von allem und allen verlassen zu werden. Für religiöse Menschen kann das auch beinhalten, von Gott fallen gelassen zu werden. Von allen verlassen zu werden bedeutet für ein Kind den Tod. In der Verlustangst steckt letztlich immer ein Stück von der Angst, dass einem die Lebensgrundlage und die Existenzberechtigung entzogen werden könnten.

Die Angst zu versagen gehört sicher zu den Ur-Überlebensängsten. Das Leben des Menschen hängt seit den Anfängen der Menschheit davon ab, ob er sich das Lebensnotwendige beschaffen kann. Wer auf der Nahrungssuche versagte, gefährdete sein eigenes Leben und das der Gruppe. Weil wir heute viel höhere Ansprüche an das Lebensnotwendige stellen und das Vertrauen in die Schicksalsgemeinschaft schwindet, geraten immer mehr Menschen unter Druck, alles, was man für notwendig hält, selbst zu beschaffen. (In der Wohlstandsgesellschaft verschwimmen die Grenzen zwischen dem, was wirklich lebensnotwendig ist und dem, was man aus Bequemlichkeit und Prestigegründen für notwendig hält.) Und je größer der Druck, desto größer die Angst zu versagen, was in letzter Konsequenz den Untergang bedeuten könnte. Unter diesen Druck geraten heute immer häufiger bereits die Kinder. Sie müssten die vordefinierten, auf materiellen Erfolg ausgerichteten Superschulleistungen erbringen, um nach den Vorstellungen der Eltern (über-)leben zu können. Versagensangst beinhaltet die Existenzangst und ist eine Vorstufe der Angst ums Überleben.

Die beängstigende Vorstellung, nicht mehr zu sein

Die Angst vor dem Tod hat viele Facetten. Im Bewusstsein sind meist die Angst vor dem Leiden, die Angst vor dem Unbekannten, vor dem Unheimlichen. Tiefer steckt je nach den lebensgeschichtlichen Erfahrungen, je nach den philosophischen und religiösen Vorstellungen, die Angst vor dem Alleingelassen werden, dem Verlorensein, also einer unvorstellbaren Einsamkeit, oder auch die Angst vor Strafe und vor endlosem Leiden. Diese Ängste machen sich oft nur diffus bemerkbar und sind nicht mit ihrem wahren Gesicht erkennbar. Ein eindrückliches Beispiel dazu:

Irene, eine Frau um die 60, kam in die Sprechstunde, weil sie zunehmend von diffusen Ängsten vor dem Sterben geplagt wurde. Geklärt hat sich ziemlich bald, dass sie sich nicht vor dem Sterben an sich fürchtete. Die Angst musste etwas mit dem Nachher zu tun haben. Aber wovor? Es war nicht die Angst vor dem „letzten Gericht", auch nicht die Angst vor der „Hölle". Während Wochen waren wir auf der Suche nach den konkreten Ängsten, die sich hinter dieser diffusen Angst verbergen könnten. Aus ihrer Lebensgeschichte erfuhr ich, dass sie, als einziges Kind, sehr einsam aufgewachsen war. Ihre Mutter hatte sie nur als ständig krank in Erinnerung. Sie brachte keine Kraft und echte Aufmerksamkeit auf für das Kind. Der Vater, offensichtlich von der Situation überfordert, hatte sich in die Arbeit geflüchtet und war kaum anwesend. Ihr Lebensgefühl als Kind war ein Gefühl von völliger Verlassenheit. Es war für sie, als lebte sie auf einer einsamen Insel und niemand wusste, dass es sie gab. Niemand würde sie vermissen.

Ich hatte in dieser Zeit einen Science-Fiction-Film gesehen, in dem ein Astronaut außerhalb des Raumschiffes beschäftigt war. Da riss die Sicherungsleine, und der Astronaut schwebte unauffindbar ins Nichts davon. Ich bot Irene diese Szene als Bild für ihre Angst an. In diesem Bild konnte sie zwar einen Teil ihrer Angst erkennen. Aber das „im Nichts" zu verschwinden beschrieb ihre Angst nicht treffend genug.

Eines Tages hatte Irene ein Traumbild, das sie sehr aufgewühlt hatte. Sie sah, wie sie im Tod als Wassertropfen im unermesslichen Meer aufging. Dieses Traumbild war nichts anderes als die Übertragung der kindlichen Erfahrungen in die unendliche Existenz, an die sie aufgrund ihrer religiösen Überzeugung fest glaubte. Das Bild hatte eine zwiespältige Wirkung. Einerseits hatte ihre Angst nun eine konkrete Gestalt, was ihr half, sich selbst besser zu verstehen. Anderseits war die Vorstellung, nach dem Tod im unfassbaren Sein aufzugehen und nicht als sie selbst, als eigenständiges Wesen erkennbar und wahrnehmbar zu sein, unerträglich.

Wir verglichen dann die biblischen Aussagen über das Leben nach dem Tode mit diesem Bild. Unter anderem mit der biblischen Verheißung: „Im Haus meines Vaters sind viele Wohnungen; wäre es nicht so, hätte ich euch dann gesagt: Ich gehe, um euch eine Stätte zu bereiten?" Joh 14,2 Der Gedanke, im Jenseits in einem Zuhause geborgen sein zu dürfen, half nun, das Angstbild infrage zu stellen. Dazu trug auch die Einsicht bei, dass sie ihre Kindheitserfahrung direkt auf das Leben nach dem Tod übertragen hatte.

Kurz nach Abschluss der Arbeit an dieser Thematik wurde bei Irene überraschend eine schon weit fortgeschrittene unheilbare Krankheit diagnostiziert. In den folgenden Kontakten drehten sich unsere Gespräche nicht mehr um Ängste über das ungewisse Nachher. Wichtig war ihr, die verbleibende Zeit noch möglichst gut zu nützen und sie nicht bloss von der Krankheit bestimmen zu lassen. Ich war immer wieder beeindruckt, wie gut ihr das gelang in den zwei Jahren, die ihr geblieben waren. Irene wäre gefasst und ohne Angst vor dem Nachher gestorben, habe ich von Angehörigen erfahren.

Abwehrreflexe helfen den ersten Schreck zu überstehen. Sich unter der Decke verkriechen oder in eine Höhle flüchten hilft vorübergehend. Aber irgendwann sind wir gezwungen, die Höhle wieder zu verlassen.

Rette sich, wer kann

Auf Bedrohung muss man reagieren

Die spontanen Reaktionen auf Angst sind individuell verschieden. Jeder reagiert anders auf Bedrohungen und Gefahren. Die einen reagieren mit spontaner (Gegen-)Aggression, mit Schreien, mit physischer Abwehr oder mit Gegengewalt, wenn es ein konkretes Gegenüber gibt. Diese Menschen setzen sich also reflexartig zur Wehr. Gegengewalt kann auch schriftlich oder auf anderen Wegen erfolgen, wenn der Gegner nicht direkt erreichbar ist. Das Internet bietet heute gefährliche Waffen dazu.

Andere „retten" sich in Aktivismus oder durch „kopflose" Flucht. Flucht kann vieles bedeuten. Wer ständig Angst hat zu versagen, stürzt sich zum Beispiel erst recht in die Arbeit, steigert seinen Einsatz, verzichtet immer mehr auf das Privatleben. Oder jemand hat eine schmerzliche Enttäuschung in einer Beziehung erlebt. Zwar beginnt sich nach einer Weile eine neue Beziehung anzubahnen, aber im Moment, wo sie verbindlicher werden könnte, wird der Kontakt fluchtartig abgebrochen. Die Angst davor, vielleicht wieder enttäuscht zu werden ist zu groß, um das (notwendige) Risiko eingehen zu können.

Eine dritte Variante ist der Totstellreflex. Dieser Mensch verzichtet auf jede (wahrnehmbare) Reaktion, lässt sich zum Beispiel beschimpfen, lässt sich ausnützen, lässt sich aus einer Gruppe ausbooten, nimmt hin, von der Familie ignoriert zu werden, obwohl das alles Angst macht und sehr weh tut. Dahinter steckt die Hoffnung, dass ich in Ruhe gelassen werde, wenn ich mich nicht rege. Diese drei Angstreflexe kann man auch bei Tieren beobachten. Pferde sind klassische Fluchttiere, Rinder gehen sofort zum Kampf über, wenn sie sich bedroht fühlen. Hasen versuchen, sich in bestimmten Situationen mit Totstellen zu retten.

Was die Tierwelt nicht kennt, ist die Angstverdrängung. Mit einigem Training ist es möglich, Angst so zu verdrängen, dass man sie nicht mehr wahrnimmt. Das kann man unter anderem bei Kindern beobachten, die zu Hause über längere Zeit misshandelt werden. Es gibt Kinder, die es lernen, die Schläge stoisch hinzunehmen. Wenn diese Verdrängung von Schmerz und Angst auch später weitergeht und nicht rechtzeitig aufgelöst werden kann, ist das für die Psyche eine ziemlich gefährliche Sache. Spätestens im Alter, wenn die psychische Energie nachlässt und nicht mehr ausreicht, um die Verdrängung aufrechtzuerhalten, wird diese verdrängte Angst in schwierigen Formen Aufmerksamkeit fordern. Was dies für die Betroffenen und die Nahestehenden bedeuten kann, haben schon viele erfahren. Wer seine Ängste ein Leben lang verdrängen muss, ist in all der Zeit auch emotional zu kurz gekommen und blieb seelisch unterernährt.

Die reflexartige Reaktion auf eine echte oder eine vermeintliche Bedrohung ist manchmal genau das Richtige, manchmal aber nicht sinnvoll und hilfreich. Je nach Situation sollte der Verstand mitreden können, sollte die Art der Reaktion überlegt, eine Entscheidung sein. Um die eigenen Reaktionen auf Angstsituationen einigermaßen steuern zu können, ist es gut zu wissen, zu welchem Angst-Reflextyp ich gehöre. Nur wenn ich meine Angstreflexe kenne, habe ich überhaupt eine Chance, bewusst reagieren zu können.

Das Phänomen Angst kann man in Kurzform definieren als „eine bestimmte Aufmerksamkeitsmenge für Gefahren." [9] Die Frage ist im Einzelfall, ob die Aufmerksamkeitsmenge der Größe der Gefahr entspricht, also adäquat, oder ob sie übertrieben groß ist. Auch das Gegenteil ist möglich, nämlich dass jemand eine Gefahr unterschätzt. Von Kindern sagt man, sie kennen keine Gefahren. Und es ist Aufgabe von Eltern und Erziehern, ihnen ein adäquates Maß an Angst zu vermitteln. Ängste sind rational oder angemessenen, wenn Bedrohung und Angst in einem angemessenen Verhältnis zueinander stehen.

Adäquate Angst ist keine objektive Größe

Adäquate Angst ist keine objektive Größe. Adäquat ist nicht ein objektives, sondern ein subjektives Maß; ein kräftiger Mensch braucht vor einem Angriff durch einen andern mit geringeren Körperkräften weniger Angst zu haben als ein körperlich schwacher Mensch, wenn er von einem kräftigeren bedroht wird. Das Ausmaß der Bedrohung und die vorhandenen Fähigkeiten und Kräfte, ihr zu begegnen, sie zu kontrollieren, bestimmen die Größe der „adäquaten" Angst.

Ein körperlich und psychisch robuster Mensch kann logischerweise größere Bedrohungen meistern als ein Mensch mit geringeren Kräften. Dabei spielen auch Vorerfahrungen eine wichtige Rolle, dies im positiven wie im negativen Sinn. Wer bereits eine kritische Situation erlebt und sie gut gemeistert hat, der hat schon eine gewisse Übung, durch die er sich auch eine weitere ähnliche Situation wieder zutrauen kann. Wer es geschafft hat, sich in einem schwierigen Gespräch mit dem Chef, das im Voraus Angst gemacht hatte, zu behaupten, wird sich in der Regel in Zukunft freier und sicherer in ein solches Gespräch wagen. Umgekehrt wird, wer aus einer solchen Begegnung „flach" herauskam, ein nächstes Mal noch unsicherer, mit noch größer Angst hingehen. Wer einmal von einem Hund angefallen wurde, traut möglicherweise keinem Hund mehr über den Weg, egal, wie groß er ist. Und selbst ein Tier in einem Zwinger kann die Angst aktivieren. - Diese Beispiele lassen sich auf viele Situationen übertragen.

Es ist auch unangemessen, die eigenen Möglichkeiten Gefahren bewältigen zu können, in gleichem Maße von allen andern zu erwarten. Ebenso ist inadäquat, sich an jenen zu messen, die Training und Erfahrung im Klettern haben, wenn man sich selbst eine Bergwanderung auf schwierigen Wegen nicht zutraut. Wer Gefahren für sich selbst aus Ängstlichkeit überschätzt, schränkt sich in seinen eigenen Möglichkeiten ein. Wer Gefahren unterschätzt, zum Beispiel durch Angstverdrängung, riskiert Schaden zu nehmen.

Neurotische Ängste, Phobien

Neurotische Ängste sind nichts Ehrenrühriges. Viele sind sehr überrascht, wenn neurotische Ängste das Thema sind und ich sage: „Sind Sie sich bewusst, wie sehr Ihnen diese Ängste früher geholfen haben?" Neurotische Ängste haben meist einen verständlichen und gut nachvollziehbaren Anfang genommen.

Ein klassisches Beispiel sind Kinder, die ständig zu hören bekommen: „Aus dir wird nichts!" „Du kannst es doch nicht!" „Du lernst es nie!" Die einen geben bald auf, werden Schulversager und trauen sich auch später im Leben nichts zu. Sie sind mit sich unzufrieden und „verzichten" darauf, ihre Begabungen und schlummernden Fähigkeiten zu wecken. Die Angst, „es" doch nicht zu schaffen, hält sie in ihrer engen Welt gefangen. Die hat ihnen in der Kindheit geholfen, den Kampf, der sowieso nicht zu gewinnen war, gegen das „Du bist ein Nichts und kannst nichts" aufzugeben und dem Orakel Recht zu geben. So waren die Demütigungen leichter auszuhalten. Damit wurden Energien frei für Dinge, die „leben können" bedeuteten, auch wenn es Streiche waren und Rebellion.

Andere, in gleicher Weise betroffene Kinder reagieren auf gegenteilige Art und Weise. Sie kämpfen sich durch, so gut es geht. In der Ausbildung und später in der Arbeit legen sie sich ins Zeug, dass es eine Freude ist. Sie schaffen es, heimsen Anerkennung um Anerkennung ein, und können so „der Welt" beweisen, dass ihre Peiniger unrecht hatten. Manch einer oder auch eine wird früher oder später von einem Burnout oder einer anderen Krise gestoppt. Sich über lange Zeit zu überfordern geht nie gut. Wenn man dann mit einem so fleißigen und tüchtigen Menschen die Lebensgeschichte betrachtet und fragt, ob es denn so lange notwendig gewesen sei, Beweise von der eigenen Tüchtigkeit zu liefern, wird die Frage zuerst gar nicht verstanden. Es ist diesem Menschen bis dahin nicht bewusst geworden, dass er sich selbst und „der Welt" den Beweis schon längst erbracht hatte. Er wusste gar nicht, dass es sein Kampf gegen die Angst war, niemand zu sein und nichts zu können, die ihn so angetrieben hatte, dass er schließlich zum „Sklaventreiber" seiner selbst geworden war. Und trotzdem hat er seiner Angst, die ihn aus der misslichen Situation seiner Kindheit heraus befreit hat, viel zu verdanken. Aber weil er ihre Funktion nicht rechtzeitig erkannt und nicht realisiert hatte, wann er sie nicht mehr gebraucht hätte, wurde sie zu einer neurotischen Angst.

Phobien, wie die Angst vor Spinnen, Höhenangst (Akrophobie), Platzangst (Agoraphobie) oder Soziophobie (die unbegründete Angst, ständig von andern kritisch beobachtet zu werden), schränken die normalen Lebensräume in bestimmten Bereichen ein. Betroffene versuchen mit Vermeidungsstrategien die Angst in Schach zu halten. Sie vermeiden den Aufenthalt in kleinen Räumen wie Lift, Eisenbahn, usw., verzichten auf Höhenwanderungen, weichen Menschenansammlungen aus. (In der Fachliteratur werden zum Teil gegen 300 Phobien aufgezählt, wobei einige davon konstruiert erscheinen.) Phobien werden oft von negativen Erfahrungen oder auch Beobachtungen ausgelöst. Ein Kind wird von den Ängsten seiner Eltern oder andern Erwachsenen beeinflusst. Während manche Phobien in bestimmten Lebensbereichen einfach lästig und hinderlich sind, bedeuten andere massive Einschränkungen, auch bei den beruflichen Möglichkeiten und punkto Lebensqualität.

Neurotische Verhaltensweisen entwickeln sich aus einer Angst heraus, der ein Mensch nicht anders beggenen kann. Es ist ein antrainiertes Verhalten, das hilft, die Angst in Schach zu halten. Neurose äußert sich meist als eine auffällige und für Durchschnittsmenschen ungewöhnliche Verhaltensweise. Es sind unbewusste, reflexartige Reaktionen, die übertrieben wirken und für Außenstehende unverständlich sind. Früher hatten sie geholfen, eine schwierige, beängstigende Lebensphase auszuhalten und zu überleben.

Zur Illustration: Ivo hatte einen angenehmen Umgang im Zweierkontakt. Zu Gruppen hielt er Distanz. Am Arbeitsplatz blieb er ein Außenseiter, weil er in

Neurotische Verhaltensweisen sind die Folge unbewältigter Ängste und schwer zu verstehen, solange man die Zusammenhänge nicht kennt.

den Pausen die Gruppe mied. Wenn er darauf angesprochen wurde, auch mit dem Ziel, ihn näher kennen zu lernen und ihn in die Gruppe zu integrieren, hatte er unglaubwürdige Begründungen zur Hand. Weil er feststellte, dass ihn einige der Kolleginnen und Kollegen mochten, begriff er sein Verhalten selbst nicht. Ivo war in der Schule immer wieder Opfer von Hänseleien gewesen und hatte sehr darunter gelitten. Er war der Kleinste in der Klasse, scheu, und er ging Raufereien aus dem Weg, wie die Eltern ihm das beigebracht hatten. Ivo war über Jahre seiner Schulzeit ein klassischer Außenseiter. Auch außerhalb der Schule blieb er jeder Gruppe fern, verzichtete auf sportliche und andere Tätigkeiten, die ihn eigentlich gelockt hätten. Der Verzicht schmerzte weniger als die fiesen Quälereien. Eine solche Verhaltensweise wieder aufzugeben ist schwierig, auch wenn sie inzwischen nicht mehr hilfreich, sondern störend ist. Es ist schwer, sie los zu werden, weil sie in der damaligen Situation Schutz geboten hatte. Zudem ist sie so eingeübt, dass sie in Fleisch und Blut übergegangen ist.

Irrationale Ängste

Irrationale Ängste stehen in einem unangemessenen Verhältnis zur effektiven Bedrohung, beispielsweise die kopflose Flucht vor einer Maus oder vor einem winzigen, vor Angst kläffenden Hund oder die Panik vor dem 197 Millionen Kilometer von der Erde entfernt durchziehenden Himmelskörper Hale-Bopp. [10]

Irrationale Angst hat zwar eine Ursache, sie geht aber nicht von einer realen Gefahr und Bedrohung aus. Was ist der eigentliche Grund, wenn jemand plötzlich vor dem Weg über eine Straßenbrücke in Angst gerät, während pausenlos Autos darüber fahren und viele Menschen schadlos den Fluss überqueren und keinerlei Gefahr zu erkennen ist? Höchst wahrscheinlich ist irgendeine Angst, die auf ein früheres Ereignis zurückgeht, aus dem Unbewussten aufgetaucht. Irgendwo zwischen rationalen und irrationalen Ängsten liegt beispielsweise die Flugangst von jemandem, der nie direkt oder indirekt betroffen war. Dazu gehört auch die weiter vorne geschilderte Angst vor Schifffahrten und vor tiefen Wassern. Die Gefahr eines Unglücks an sich besteht wirklich, doch das Risiko betroffen zu werden, ist statistisch gesehen sehr gering. Es gibt außerdem Ereignisse, zum Beispiel das Erlöschen der Sonne in ferner Zukunft, die zwar eine ernsthafte Bedrohung für uns Menschen darstellen, aber uns in der Jetztzeit nicht betreffen.

Panikattacken

Panikattacken sind keine neuen, aber in den letzten Jahren häufiger auftretende Angststörungen. Panikattacken versetzen Betroffene in Angst und Schrecken, ja in Todesängste, weil sie mit heftigen körperlichen Reaktionen wie Herzrasen, Zittern, Schweißausbrüchen, Magenkrämpfen verbunden sind. Verständlicherweise bleibt nach einem solchen Schreck eine Angst vor einer neuen Attacke zurück, die Betroffene nicht mehr zur Ruhe kommen lässt, häufig Schlaf- und Konzentrationsstörungen verursacht. Panikattacken an sich sind nicht gefährlich. Hingegen kann die zurückbleibende Angst vor der Angst ernsthafte psychosomatische und psychische Probleme nach sich ziehen. Erst recht dann, wenn die Attacken immer wieder auftreten.

Panikattacken treten nicht ohne Grund auf. Der konkrete Grund kann relativ harmlos sein. Eine Panikattacke vor einer Prüfung wirkt völlig übertrieben, wenn gleichzeitig die besten Voraussetzungen für ein gutes Abschneiden gegeben sind. Aber klar, bei bester Vorbereitung kann einmal eine Prüfung daneben gehen. Das muss nicht immer an einem selbst liegen. Eine verschärfte Prüfungsanordnung oder ein missliebiger Experte können genau so der Grund für ein Misslingen sein. Im Moment der Panikattacke sind aber solche möglichen Gefahren nicht im Bewusstsein. Und höchst wahrscheinlich ist die Angst nicht so sehr auf das mögliche (unwahrscheinliche) Prüfungsversagen bezogen. Wahrscheinlicher ist, dass eine Angst in den Knochen sitzt, welche Folgen eine verunglückte Prüfung haben würde. Da hat jemand ein Berufsziel, das ihm alles bedeutet und das zu erreichen um jeden Preis gelingen muss. Im Moment, in dem es ernst gilt, bricht plötzlich die Angst durch, der schöne Traum könnte in nichts zusammenfallen, ohne dass die Angst sich als solche zu erkennen gibt.

Panikattacken können aber auch sagen wollen: „So, aber jetzt pack es endlich an!" Schon lange steht im Raum, dass in einer Sache eine Klärung nötig wäre, dass irgendwann eine Entscheidung fallen muss. Aber weil es so schwierig ist, schiebt man es vor sich her und versucht, möglichst wenig daran zu denken. Es ist einfacher, immer neue Gründe zu suchen, warum man es besser noch ruhen lässt.

Manfred hatte den Betrieb seines Vaters übernommen. Das war für ihn damals selbstverständlich. Sein Verantwortungsgefühl für die Familientradition ließ ihm keine Wahl. Die Arbeit an sich fiel ihm nicht besonders schwer. Er machte seine Sache gut und bekam viel Anerkennung. Eines Tages, mitten in einer Besprechung, war ihm plötzlich eng in der Brust, alles krampfte sich zusammen und er glaubte, auf der Stelle sterben zu müssen. Weil er so diszipliniert war, schaffte er es, sich nichts anmerken zu lassen und die Besprechung zu Ende zu führen. Anschließend meldete er sich aber notfallmäßig beim Arzt. Die Beschwerden waren zwar bald wieder abgeklungen, die Angst hingegen blieb hängen. Natürlich wurde das Herz gründlich untersucht und über Wochen wurden auch weitere Abklärungen vorgenommen, alle mit negativem Resultat. Allein der Gedanke an die nächste Besprechung machte ihm Angst. Tatsächlich erlebte er beim nächsten Mal wieder die gleiche, wenn auch etwas weniger heftige Attacke. Immer wieder plagten ihn latente Todesängste.

Im Rückblick auf seinen beruflichen Werdegang erinnerte sich Manfred daran, wie er sich gern auf seine ihm zugedachte Aufgabe eingestellt hatte. Auch in der Ausbildung glaubte er, auf dem richtigen Weg zu sein. Allerdings kamen manchmal Zweifel daran auf, ob er dem, was in diesem Betrieb gefordert war, in allen Bereichen gewachsen wäre. Dazu meldete sich auch ein Gefühl, dass er einen wichtigen Teil seiner Persönlichkeit verleugnen müsse. Aber er verweigerte diesem Zweifel und erst recht diesem störenden Gefühl seine Aufmerksamkeit. Der Blick auf seine bisherigen Berufsjahre machte ihn nicht unzufrieden oder unglücklich. Im Grunde war es ja eine gute Zeit. Allerdings, wenn er alle Gedanken und Gefühle zuließ, „wusste" er schon länger, seine Lebensaufgabe konnte das nicht sein. Das Schreckerlebnis motivierte Manfred, ja zwang ihn dazu, jetzt zu prüfen, ob er, vielleicht mit Korrekturen, weitermachen solle oder nicht. Es ging darum zu klären, ob er in der jetzigen Aufgabe dem vernachlässigten Teil seiner Persönlichkeit gebührend Raum verschaffen könne, oder ob er die Weichen neu stellen solle. In dieser Zeit des konkreten Suchens verschwanden die Angstattacken allmählich. Er entschied sich schließlich für eine größere Veränderung, mit der er seither gut lebt.

Angst kann krankmachen

Angst, die unser Verhalten bestimmt, die wir jedoch nicht einordnen und mit der wir nicht umgehen können, kann krankmachen. Die typischste Form davon ist die Depression. Bei mangelndem Selbstvertrauen und Selbstbewusstsein und bei gleichzeitig übersteigertem Verantwortungs- und Pflichtgefühl ist die Versagensangst ein ständiger Begleiter. Versagensangst kann die realen Leistungsmöglichkeiten eines Menschen massiv hemmen, gar völlig blockieren. Auch Phobien haben je nach Schweregrad krankhaften Charakter. Das ist dann der Fall, wenn diese Angst die Lebens- und Leistungsqualität stark einschränkt.

In meiner Beratertätigkeit konnte ich in zahlreichen Fällen einen klaren Zusammenhang zwischen lebensgeschichtlichen Erfahrungen und den auf Angst basierenden psychischen Problemen und psychischen Krankheiten nachvollziehen. Bei manchen psychotischen Erkrankungen ist der Zusammenhang offensichtlich.

Walter zum Beispiel, ein talentierter und ehrgeiziger Mann, ging auf seinem Karriereweg „über Leichen", wie er selbst sagte. Schon nahe an seinem Ziel holten ihn schwere Schuldgefühle ein. Sie schienen mir, wenn auch berechtigt, doch stark übertrieben. In seinen Ängsten vernahm er einen Befehl „von oben", Familie und Arbeit zu verlassen und als Bettler zu leben und Busse zu tun. Eine lange unterschwellig vorhandene, in diesem Fall eine warnende Angst hatte sich zu einem Wahn entwickelt. Walter ist eine der wenigen Ausnahmen in meinem Beobachtungsbereich, der die Zusammenhänge seiner Erkrankung und seiner Lebensgeschichte selbst gesehen hat.

Wahnerkrankungen sind häufig die Folge von lange verdrängten Ängsten. Verdrängt wurden sie vielleicht, weil man alle Energie brauchte, um sich im Leben irgendwie zu behaupten. Irgendwann hat die Psyche nicht mehr genügend Kraft, um die Angst in Schach zu halten. Dann macht sich die Angst selbstständig. Betroffene können den Zusammenhang mit den ursprünglichen Angsterfahrungen nicht (mehr) erkennen.

Vom zweiten Altersjahr an war Giorgio während Jahren von Heim zu Heim, von Pflegefamilie zu Pflegefamilie geschoben worden. Bald zwanzig geworden, brach eine psychische Krankheit aus. In seinen Ängsten, die ihn phasenweise immer wieder überfielen, sah er die Welt auseinanderbrechen. Er war überzeugt, es sei seine Aufgabe und Pflicht, dies zu verhindern. Die Unmöglichkeit dieser Forderung brachte ihn zur Verzweiflung. - Giorgio konnte erkennen und dazu stehen, dass er psychisch krank geworden war. Seine Kinder- und Jugendzeit, in der er über Jahre nie wusste, wo er hingehörte, habe ihn nicht belastet, erklärte er, obwohl er quasi als Heimatloser lebte, der jederzeit fortgeschickt werden konnte. Von Angst schien er nichts zu spüren, wenn er davon erzählte. Vorerst. Aktuell war ihm in gesünderen Phasen wichtig, mit seiner Krankheit möglichst gut leben zu lernen. Trotzdem war die

Kindheit auch immer wieder Gesprächsthema. Je deutlicher er sich mit der Zeit an Einzelheiten erinnerte, desto stärker reagierten Körper und Seele. Zuerst spürte er jeweils sein Herz wie einen Steinbrocken in der Brust. Später berichtete er, wie er sich der Tränen nicht erwehren könne, wenn bei ihm innere Filme aus der Kindheit ablaufen würden. Das verwunderte ihn sehr. Erstarrte Angst wurde wieder erlebbar und konnte nun auch bearbeitet werden.

Sonja, weit über 70, fühlte sich von allen Seiten bedroht, von den Behörden bis auf höchste Ebene schikaniert und verfolgt. Als Älteste von mehr als einem Dutzend Kinder, der Vater war Alkoholiker, die Mutter überfordert und brutal im Umgang mit den Kindern, lebte Sonja in der Kindheit ständig in Angst. Sie war meist übernächtigt, schaffte knapp die Grundschule, konnte sich deshalb den Berufswunsch nicht erfüllen. Sie erinnerte sich nicht, dass einmal eine Behörde hilfreich eingegriffen hätte. Wen wundert es, dass Sonja eine rebellische junge Frau wurde, die sich mit Vorgesetzten und speziell mit Behörden anlegte. Immerhin schaffte sie es, sich beruflich so weit zu integrieren und zu behaupten, um ihre Existenz sichern zu können. Ihr Verhalten war offensichtlich auffällig, blieb aber in erträglichem Rahmen. Im höheren Alter jedoch nahmen ihre Bedrohungsängste krankhafte Formen an.

Viele dieser Erkrankungen gehen auf reale Bedrohungen, traumatische Erlebnisse zurück, die auch sehr lange zurückliegen können. Krankhafte Formen der Angst sind letztlich ungeeignete Versuche, Ängste zu bewältigen. Die psychiatrische Terminologie teilt (ungeeignete) krankhafte Angstbewältigungsstrategien zur Hauptsache in vier Gruppen ein: In schizoide (Abspaltung der Angst), depressive (ausweichen, „abtauchen"), zwanghafte („magisch" bannen) und hysterische (kämpferisch vertreiben, Flucht in hektische Aktivität). [11] Ängste sind behandlungsbedürftig, wenn sie normale, grundsätzlich mögliche und angestrebte Lebenswege permanent behindern oder gar verunmöglichen. - Phobien haben übrigens sehr gute Heilungschancen. [12]

Übergänge verunsichern, weil sie immer durch „Niemandsland" führen. Im „Neuland" angekommen, muss man es erst Schritt für Schritt kennenlernen, um sich darin zurecht zu finden. Und das braucht seine Zeit.

Übergänge und Wendepunkte

Übergänge und Wendepunkte verunsichern

Unser Leben ist von Übergängen und Wendepunkten durchzogen. Zwar reiht sich in unserem Leben stetig Jahr an Jahr. Wir können uns unseren Lebenslauf vorstellen als eine Linie mit einem Anfang und einem Ende oder als einen Bogen mit Aufstieg, Höhepunkt und Abstieg oder als Kreis, der sich am Lebensende schließt. Unabhängig davon, welches Bild uns anspricht, so gleichmäßig verläuft kein Leben.

Da sind einmal die normalen Übergänge zu bewältigen, die je nach Situation verunsichern und ängstigen: Vorgegeben sind nun einmal der Schuleintritt, die Pubertät, die Berufswahl, das Nachlassen der Leistungsfähigkeit, die ab 50 spürbar wird, die Pensionierung, die Einbuße von Selbstständigkeit im Alter. Für andere Übergänge, die unserem Leben eine Wende geben, entscheiden wir uns freiwillig - mehr oder weniger, zum Beispiel für die Aufnahme oder das Beenden einer Beziehung, für die Gründung einer Familie, für einen Berufs- oder einen Ortswechsel, für den Umzug in ein anderes Land, usw.

Was haben erwünschte und freudige Ereignisse in einem Buch über Angst verloren? Auch bei solchen Wendepunkten kann es sein, dass einige Angstbarrieren zu überwinden sind. Möglicherweise sind ein paar schlaflose Nächte auszuhalten, bis der Entscheid definitiv fällt. Oder es kann passieren, dass einen im letzten Moment die Angst vor dem großen Schritt zurückschrecken lässt. So rief mich zum Beispiel um zwei Uhr in der Nacht Jack an. Er war ganz verzweifelt. In der Nacht vor seinem Hochzeitstag hatte ihn die Angst gepackt vor dem großen Schritt in seinem Leben.

Oft unterschätzt in seiner emotionalen Wirkung wird der Auszug eines erwachsenen Kindes aus dem Elternhaus. Dabei spielt eine untergeordnete Rolle, ob das mit vollem Einverständnis der Eltern geschieht oder sogar erwünscht ist. Für viele Eltern ist das eine schmerzliche und auch angstbeladene Zeit. Leichter zu ertragen ist dieser Wendepunkt, indem man ab und zu sachlich und in Ruhe seine Ängste unter die Lupe nimmt und sich überlegt, welche echt begründet sind und welche nicht.

Andere Wendepunkte in unserem Leben setzt das Schicksal. Der Verlust der Arbeitsstelle, weil der Betrieb geschlossen wird, eine Krankheit oder ein Unglücksfall, eine Beziehung, die in Brüche geht, der Tod eines nahestehenden Menschen, solche und andere Einbrüche können das Leben von einem Tag auf den andern radikal verändern.

Interessant ist, wie auch symbolische Übergänge wie runde Geburtstage oder der Jahreswechsel ähnliche Gefühle aktivieren wie reale Übergänge oder Wendepunkte. Konsequenterweise müsste uns jeder Wechsel von einem Tag zum andern in gleicher Weise beschäftigen.

Aufbruch ins Unbekannte - Achtung, Krisen

Warum können uns Lebensübergänge unter Umständen heftig verunsichern und ängstigen, selbst dann, wenn sie uns willkommen sind? Es ist immer ein Aufbruch in mehr oder weniger unbekanntes Land. Bisherige Problembewältigungsstrategien sind oder scheinen in der neuen Situation ungeeignet zu sein. Wir geraten in Situationen, die uns noch unbekannt sind. Vertrautes müssen wir verlassen. Ein Gefühl von Unfähigkeit, von Ausgeliefertsein und Heimatlosigkeit kann sich breitmachen. Wie hilflos und fremd kann man sich an einem fremdsprachigen Ort fühlen, wenn man die dortige Sprache nicht beherrscht. Die Sprachgewandtheit in der gewohnten Umgebung nützt mir an einem fremden Ort am Anfang wenig.

An Übergängen und Wendepunkten des Lebens brechen am häufigsten Krisen aus. Verständlich, dass die Krisen von entsprechenden Ängsten begleitet werden. Mit Abbrüchen und Einbrüchen im Leben muss man irgendwie fertig werden, Schmerz- und Trauerzeiten durchstehen. Bei Aufbrüchen ins Unbekannte sind zuerst einmal Anfangsschwierigkeiten auszuhalten. Vorhandene Befürchtungen fordern uns heraus, der neuen Situation angepasste Strategien zu entwickeln und Neues zu lernen. Diese Befürchtungen geben uns das Lernprogramm für die Übergangsphase vor.

Auch wenn diese Lebensübergänge von Ängsten begleitet sind, finden sich die meisten von uns in der neuen Lebensphase früher oder später zurecht - notgedrungen, oder weil es uns wichtig ist. Nicht alle bewältigen diese Übergänge mit Leichtigkeit.

An Wendepunkten, für die wir uns freiwillig entschieden haben, sollten wir doch die Kurve angstfrei kriegen, könnte man meinen. Aber dem ist längst nicht immer so, wie die Erfahrung von Jack gezeigt hat. Klar, einiges hängt von unserer Wesensart ab, auch von unseren Erfahrungen, die wir aus der Herkunftsfamilie und unserem bisherigen Leben mitbringen, ob wir locker oder vorsichtig neuen Boden betreten. Jedenfalls ist jeder Aufbruch vergleichbar mit einem Wanderer, der sich in eine ihm noch unbekannte Gegend aufmacht. Er kann zwar Landkarten lesen. Aber vielleicht ist der Weg steiniger und steiler und länger als erwartet. Vielleicht fehlen Wegmarkierungen oder es gibt den eingezeichneten Weg nicht mehr. Eine eingestürzte Brücke zwingt zu Umwegen. Wiederum sind es die Ängste - auch wenn Angst in diesem Zusammenhang ein großes Wort ist - die den Wanderer dazu auffordern, sich auf Eventualitäten vorzubereiten, bevor er aufbricht. Dazu gehört auch die Bereitschaft, wenn nötig unterwegs die Route zu ändern. Und wenn man sich beim Entschluss, in Neuland aufzubrechen, getäuscht hat? Wenn man sich überschätzt hat?

Erika hat sich von einer spannenden Stelle in die Stadt locken lassen. In die Aufgabe hat sie sich rasch eingearbeitet. Mit ihrer Qualifikation kommt sie gut an. Hingegen ist das Arbeitsklima kühl und von Hektik geprägt. Menschlich findet sie keinen Anschluss. Ebenso allein bleibt sie im Hochhaus, in dem sie eine passende Wohnung gefunden hat. Sie hatte sich bei ihrem Entscheid zum Stellenwechsel kaum darüber Gedanken gemacht, wie das sein könnte, unter lauter fremden Menschen zu arbeiten. Am bisherigen Arbeitsplatz kannte sie fast alle Kolleginnen und Kollegen persönlich, und sie schätzte den angenehmen Umgangston. Erika war sich auch nicht bewusst, wie schwer es ihr fällt, mit fremden Menschen in Kontakt zu kommen. Im bisherigen vertrauten Umfeld hatte dieser Nachteil keine Rolle gespielt. Sie hatte sich in eine Situation gewagt, von der sie überfordert war. Weniger Angstverdrängung hätte helfen können, sich gut auf die neue Situation vorzubereiten. Erikas Stärke war ihr Durchhaltewille. Sie wollte lernen, sich den Herausforderungen zu stellen. Mit viel Einsatz hatte sie es dann doch geschafft, sich am Arbeitsplatz zu behaupten und auch private Kontakte zu knüpfen. Nicht zuletzt half ihr dabei, die alten Beziehungen zu pflegen, auch wenn das auf Distanz aufwendig war.

Symbolische Wendepunkte - Das Magische am Jahreswechsel

Symbolische Wendepunkte wie Geburtstage, vor allem runde Geburtstage, und Silvester nehmen im Leben vieler Menschen einen wichtigen Platz ein. Es ist gut und wichtig, von Zeit zu Zeit eine Besinnungspause einzulegen und eine Standortbestimmung vorzunehmen mit Rückblick und Ausblick auf sein Leben. Dazu sind Geburtstage und Silvester geradezu prädestiniert. Obwohl, wir werden doch jeden Tag älter. Es gibt einen bedeutsamen Unterschied. Aufgrund von Gewohnheiten und Ritualen erinnern uns Geburtstage, Silvester und eventuell andere Gedenktagen von sich aus an den Istzustand unseres Lebens. An andern Tagen müssen wir uns bewusst Zeit nehmen für eine Standortbestimmung.

Manche versuchen, runde Geburtstage zu ignorieren, weil sie den Gedanken an ihr Alter nicht ertragen. Wenn uns Geburtstage erschrecken, weil sie uns an das aktuelle Alter erinnern, wäre es Zeit zu überlegen, warum das so ist. Jeder Geburtstag erinnert uns doch an das inzwischen erreichte Alter, eigentlich auch jeder andere Tag. Was macht konkret Angst, wenn man 40, 50, 60 Jahre alt wird? Ist es so bedrohlich, was eine (noch) nicht definierbare Angst signalisiert? Möglicherweise sind die Schwierigkeiten, die zu bewältigen sind, weniger groß, wenn man sich darauf einstellen und lernen kann, geschickt damit umzugehen.

Das Gleiche gilt auch für den Jahreswechsel. Der Silvester ist auch so ein Tag, der Jahr für Jahr viele Menschen in eine Krise stürzt. Viele Menschen ziehen am Jahresende Bilanz: Wie war dieses Jahr? Was habe ich erreicht? Wie lebe ich eigentlich? Wie bin ich mit mir und meiner Umwelt zufrieden? Wie wird es im neuen Jahr weitergehen? Entweder zeigte sich ein guter Trend, der eine entsprechende Fortsetzung verspricht. Oder es drängen sich ein Wunsch und eine Hoffnung auf Besserung auf. Der Satz: „So kann es nicht weitergehen!" hat große Ähnlichkeit mit der Angst: „Wenn es so weiter geht, geht die Welt unter". Dass viele Menschen den Jahresübergang zum Anlass nehmen, sich auf ihre Lebenssituation zu besinnen, ist durchaus sinnvoll. Dass der Schritt in eine neue Etappe, der Aufbruch ins Ungewisse (neues Jahr) Angst macht, ist verständlich, wenn schon problematische oder gar schlechte Bedingungen gegeben sind. Aber weshalb erwarten manche, dass gerade der Jahreswechsel eine Entscheidung herbeiführen wird, im positiven wie im negativen Sinne? Jeder andere Tag im Jahr würde sich genau so anbieten für eine Standortbestimmung. An jedem Tag des Jahres kann ein schwieriger Abschnitt zu Ende sein und ein neuer, besserer seinen Anfang nehmen. Aber vor allem dem Silvester wird eine magische Kraft zugetraut, die eine Veränderung bewirken kann, die man aus eigener Kraft nicht geschafft hat.

Die Jahreswende hat auch für viele „aufgeschlossene" Menschen eine magische Komponente. In den dunklen Tagen werden sich viele der Bedeutung der Lebensmächte der Natur neu bewusst. Die Kälte und die Dunkelheit des Winters wecken die Sehnsucht nach dem Licht und der Sonnenwärme. In vielen Bräuchen leben die Sonnenwendfeiern alter Zeiten weiter. Mit magisch aufgeladenen Ritualen sollte das Dunkle und Lebensbedrohliche vertrieben und das Lebensfreundliche herbeigerufen werden. Am Jahreswechsel spielt sich auch heute viel Magisches ab, das (unbewusst) helfen soll, mit den Ängsten besser fertig zu werden.

Wer sich immer wieder einmal seiner Lebensrealität stellt, auch in weniger erfreulichen Zeiten, und die nötigen Schlüsse daraus zieht, läuft seltener Gefahr, an symbolischen Wendepunkten von Ängsten überfallen zu werden. Wenn der Blick auf die aktuelle Situation und der Blick in die Zukunft massive Ängste hervorrufen, bedeutet das doch, dass sie bisher nicht genügend beachtet wurden. Und wenn diese traditionellen Besinnungstage die Türe zu den eingesperrten Ängsten einen Spaltbreit aufdrücken, brechen sie aus. Sie können einen Menschen so überfallen, dass sie eine Weile kaum kontrollierbar sind. Natürlich kann sich ein Mensch in einer lang andauernden schwierigen Lebenssituation nicht ständig mit seinen Ängsten beschäftigen. Es sind Pflichten zu erfüllen, die materielle Existenz muss gesichert werden. Da kann man sich nicht dauernd von seinen Ängsten daran hindern lassen. Man muss aufpassen, dass Ängste einem nicht alle Energien abziehen. Hingegen liegt die Chance für ein besseres Leben darin, sich mit den Ängsten periodisch auseinanderzusetzen. Verdrängte Angst hat die Tendenz sich aufzuplustern, damit sie endlich wahrgenommen wird. Manche Angst hindert einen daran, Probleme anzupacken, die gelöst oder wenigstens gemildert werden könnten. Wer wie das Kind die Augen zuhält, wenn es sich fürchtet, überschätzt häufig die Macht, welche die eine oder andere Angst zu haben vorgibt. Die symbolischen Übergänge geben uns die Chance, wenn wir sie nützen, uns selbst auf dem neuesten Stand zu halten über unsere Lebenssituation. Dafür müssten wir ihnen dankbar sein.

Die Ungewissheit darüber was kommen mag, weckt den Wunsch, die Zukunft voraussehen und beeinflussen zu können. Die Hoffnung auf die Wirkung magischer Rituale an Wendepunkten ist uralt und wird wohl alle Zeiten überleben.

Mächte, Mythen, Ängste - Ängste, Mythen, Mächte

„Die Geister, die ich rief" treiben ihr Unwesen

„Wo führt das noch hin?!" Besorgt verfolgen viele die gesellschaftlichen und technischen Entwicklungen unserer Zeit, die an das Experiment des Zauberlehrlings in Goethes Faust erinnern. Nicht ganz ohne Grund. Die langfristigen Folgen des Wertewandels in unserer Gesellschaft oder der rasanten Globalisierung mit ihren unkalkulierbaren Risiken sind kaum abschätzbar. Angst verbreiten auch der Klimawandel und die modernen Völkerwanderungen, die von Kriegswirren, Armut und Arbeitslosigkeit in Gang gesetzt werden. Weit verbreitet ist aktuell die Angst vor Atomkatastrophen oder die Hydra Internet, das wirksamen Kontrollmöglichkeiten entglitten ist. Manches, was am Anfang mit großer Begeisterung als erwünschter Fortschritt begrüßt wird, verliert schon nach wenigen Jahren seinen Glanz und wird bald als zwiespältig oder gar als gefährlich erlebt. Sei es der große Aufbruch in die Freiheit von Normen und Konventionen ab 1968, sei es die Freude am Sturz arabischer Tyrannen, sei es die Begeisterung für die neue Welt des elektronischen Paradieses, von einem bestimmten Punkt an wird manches irgendwie unheimlich. Diese Unwesen treibenden Geister lassen sich zähmen; das setzt aber voraus, dass die Ängste ernst genommen werden. Möglicherweise wäre die Atombombe nie gebaut worden, wenn die Erfinder ihre Bedenken - Bedenken sind Angst mit leiser Stimme - ernst genommen hätten. Der Bau von Atomkraftwerken hätte noch etwas warten müssen, wenn die Sorge „was machen wir mit dem Abfall?" ernst genommen worden wäre. Ich nehme eher an, dass die Erfinder von Internet und von sozialen Medien sich in ihrer Euphorie kaum Gedanken über negative Folgen gemacht haben. Ob sie inzwischen mindestens dazu stehen, dass sie damit auch Kriminellen Tür und Tor geöffnet haben, oder ob sie vielleicht doch aufkommende Bedenken verdrängen?

Hätten sie die Dinge in größeren Zusammenhängen bedacht, hätten sie auch gefährliche Konsequenzen erkennen können. Leute mit Verantwortungsgefühl hätte ein bisschen Angst vor den Geistern, die sie riefen, dazu gebracht, von Anfang an auch ernsthaft über Sicherungen gegen Missbrauch nachzudenken.

Eigentlich wiederholt sich immer wieder die Urgeschichte der Menschen mit ihrem Drang, alles zu wissen und alles beherrschen zu wollen, womit sie sich immer neu in Bedrängnis bringen. Das ist die Ursubstanz, aus der sich die Ängste entwickeln. Um es plakativ zu sagen: Die einen leben seither in ständiger Angst, das Erreichte, den Reichtum, die Bequemlichkeit zu verlieren. Die andern leben in ständiger Angst um ihre Existenz. - Auch da müsste man in jedem Einzelfall die Frage stellen, welche Ängste begründet sind, aus welchen Bedrohungen sie entspringen. Das gäbe auch Auskunft darüber, wo wie gehandelt werden müsste, um Gefahren zu beseitigen oder mindestens zu reduzieren und zu kontrollieren.

Mythen von der Entstehung der Welt - Der Anfang vom Ende

Eine spezielle Angstgeschichte steckt in den Weltuntergangstheorien. Nachdem die Erde schon einmal geworden ist und sich darauf Leben, inklusive Mensch, entwickelt hat, sträubt sich die menschliche Vorstellung dagegen, dass dies der Anfang vom Ende sein soll.

Die Entstehung der Welt und des Lebens hat die Menschen seit jeher brennend interessiert. Sie versuchten, mit ihrem Wissen und mit ihrem Vorstellungsvermögen, vor allem durch die Deutung ihrer Erfahrungen, Erklärungen zu finden. Das zeigt sich daran, dass in allen alten Religionen mythologische Deutungen entstanden sind. Die meisten Vorstellungen der biblischen Schöpfungsgeschichte bildeten sich nicht erst in der israelitischen Welt. Sie waren Glaubensgut der umliegenden polytheistischen Religionen, sind zum Teil schon bis 10'000 Jahre v. Chr. nachweisbar und wurden gewiss schon lange vorher mündlich von Generation zu Generation überliefert. Die biblischen Schriftsteller greifen auf diese Mythen zurück und deuten sie aus der eigenen Vorstellungswelt. Die Beschreibung der Erschaffung der Welt und des Menschen gibt dem Staunen vor dem überwältigenden Können des Schöpfers Ausdruck. Sie ist auch eine Anerkennung der Macht des Schöpfergottes, die Ehrfurcht erheischt. Dass dieser Gott auch Regeln vorgibt, ist mit der Siebentagewoche angedeutet. Dass er auf die Einhaltung seiner Regeln beharrt, führt die Geschichte vom Ungehorsam von Adam und Eva vor Augen. Schon auf den ersten Seiten der Bibel lernt der Mensch die Angst kennen.

Im Laufe der Menschheitsgeschichte haben sich die Vorstellungen, wie die Menschen die Erde sehen, enorm verändert. Wir haben nur Vermutungen und gewisse Indizien, wie sich die Menschen der Urzeit die Welt dachten. Wir wissen nicht, seit wann sich Menschen über die Entstehung und auch über das Ende der Welt Gedanken machen.

Die Ahnung vom Ende

Nicht nur die Entstehung der Welt, auch das Ende der Welt, vor allem aber die beschränkte eigene Lebenszeit beschäftigte offensichtlich die Menschen seit Urzeiten. „Das Problem von Leben und Tod nimmt in der sumerischen, akkadischen, persischen und griechischen Mythologie einen breiten Raum ein. Die damaligen Menschen spürten, ... die wilde Sucht nach Unsterblichkeit, nach Leben" schrieb Josef Sievi in seiner Schrift über den Beginn der Menschheitsgeschichte. [13] Die Sintflutgeschichte berichtet zwar nicht vom möglichen Untergang der Erde, aber vom möglichen Untergang der Menschheit. Sie ist Bestandteil des Gilgameschepos,[14] dessen Stoff aus sumerischer Zeit stammt und schon um 2600 v. Chr. schriftlich festgehalten wurde.

Schon früh war für die Menschen ein Ende der Welt denkbar und eine Gefahr, mit der irgendwann gerechnet werden muss. Es gibt eine Vielzahl von jüdischen apokalyptischen Schriften, mit reicher Fantasie geschrieben, die ihrerseits auf diverse frühere Quellen zurückgehen. Der Weltuntergang wird in der Offenbarung des Johannes zum nahe bevorstehenden Ereignis. Der Verfasser stützt sich dabei auf die jesuanische Verheißung der baldigen Wiederkunft: „Eine kurze Zeit, so seht ihr mich nicht mehr, und wiederum eine kurze Zeit, so werdet ihr mich sehen." Joh 16,16

Das Faszinosum Weltuntergang und Endzeitängste

Ein spezielles Kapitel sind die Reaktionen zahlreicher Menschen auf Jahrhundert-, und erst recht auf Jahrtausendwenden mit Weltuntergangsängsten. An diesem Phänomen lässt sich besonders eindrücklich das Zusammenspiel von Realität und Fantasie, von Faszination und Angst, von Mythos und Magie, von Realitätsverlust und Selbstüberschätzung aufzeigen. Die letzte Jahrtausendwende hat bei vielen Menschen Ängste heraufbeschworen, die gefährliche, ja auch tödliche Folgen hatten. Die Selbstmorddramen der Sonnentempler-Sekte [15] und der Heaven's Gate-Gruppe [16] haben uns das deutlich genug vor Augen geführt.

In den mythischen Schilderungen vom Weltuntergang drückt sich die Ahnung oder, man könnte sagen, ein Urwissen der Menschheit aus. Mit dem Untergang der Erde ist zu rechnen. Dass die Angst um ein mögliches Weltenende nicht unbegründet ist, wissen wir heute besser denn je. Die moderne Wissenschaft kann heute nachweisen, dass die Erde vor unvorstellbar früher Zeit entstanden ist, und sie ist sich sicher, dass unser Planet irgendwann in fernster Zukunft ein natürliches Ende finden wird. Die Details sind Wahrscheinlichkeiten. Auch wenn diese Erkenntnis keine konkreten Auswirkungen auf unsere Existenz heute hat, so hat sie doch in letzter Konsequenz etwas sehr Beängstigendes. Der Mensch ist zwar kaum in der Lage, die Erde an sich zu zerstören, aber er hat heute die reale Möglichkeit, seine eigene Lebensgrundlage kaputt zu machen. Verschiedene biblische Berichte wie beispielsweise die Sintflut und der Turmbau zu Babel sind Warnungen. Sie warnen die Menschen davor, die eigene Existenz und die eigenen Lebenschancen mit ihrem Zug zur Überheblichkeit selbst zu gefährden. Diese Berichte versuchen, mit der Angst vor den Folgen verwerflichen Tuns die Menschen zur Vernunft zu bringen.

Das Wissen der Mythologien

Die Mythen in ihrer Kernaussage ernst zu nehmen wäre für die Menschheit eine wichtige Sache. Die Bedeutung der Mythen für die Menschen Israels und ihrer Nachbarvölker vor ein paar tausend Jahren hat Josef Sievi so beschrieben: „Im Mythos begreift der Mensch sich selbst, den andern, die Gemeinschaft und das Geschehen in Natur und Welt, weil er die Gottheiten begreift; denn er selbst, der andere, die Gemeinschaft und Natur und Welt spiegeln nur das Leben der Gottheiten. Je mehr und je tiefer er die Gottheiten versteht und je besser er sie im Mythos darzustellen und auszusagen weiss, desto besser und wirklicher versteht er sich, den andern, die Geschichte und die Natur, denn alles Irdische ist nur Spiegelbild der Gottheiten." [17] In diesem Spiegelbild könnten wir erkennen, was wirklich groß und bestaunenswert ist, aber auch, welche Chancen wir hätten, gemeinsam und zufrieden unsere Zeit auf dieser Erde zu verbringen. Und wir müssten uns viel weniger Sorgen machen über das, was uns in unserem Leben Mühseliges begegnet und auch nicht über das, was nachher sein wird. Der ferne Weltuntergang müsste erst recht niemandem den Schlaf rauben.

Apokalyptische Visionen enthalten, abgesehen von den dramatisierenden Illustrationen, einfache Grundwahrheiten, von denen die Menschen immer wussten oder sie wenigstens ahnten. Das ist ein kollektives Wissen, das aber oft verdrängt ist und in den Tiefen des Unbewussten schlummert (nach C.G. Jung das kollektive Unbewusste oder die Archetypen). Solches „Wissen" wird oft nicht ernst genommen, bis es sich in gefährlichen oder gar katastrophalen Situationen aufdrängt.

Heute sind es nicht mehr Mythen, in denen sich Erfahrungen und Befürchtungen verdichten. Naturkatastrophen, welche Betroffene in Angst und Verzweiflung versetzen, erfüllen eine ähnliche Aufgabe. In vielen Fällen sind sie eine Warnung vor der Unvernunft im Umgang mit der Natur, die oft das Unglück mitverschuldet. Der Beispiele gibt es viele: Missbrauch von Insektiziden, Abholzen von Wäldern, Boden überdüngen, Luftverschmutzung, Bauen in Gebieten, die gefährdet sind durch Überschwemmungen oder Lawinen, usw. Im Gegensatz zu Mythen, die ihre Botschaften und Einsichten über Jahrhunderte und Jahrtausende wach halten konnten, gehen die heutigen Erfahrungen und Einsichten sehr rasch wieder vergessen.

Die johanneische Apokalypse, ein Weckruf ...

Der Weltuntergang wird dereinst zweifellos ein beängstigendes, ja schreckliches Ereignis sein für die Menschen, falls es dannzumal noch solche gibt. Das konnten sich die Menschen schon früh sehr bildhaft vorstellen. Entsprechende Bilder, speziell in der religiösen Kunst, illustrieren denn auch die gedachten dramatischen Ereignisse.

Apokalyptische Visionen sind keine Erfindung der nachchristlichen Zeit. Weltuntergangsvorstellungen gab es schon viel früher und in vielen Kulturen. Die Offenbarung des Johannes entstand 81-96 n. Chr. Der Verfasser war offensichtlich eine angesehene Persönlichkeit, was seiner Schrift entsprechendes Gewicht verlieh. [18]

Johannes greift überlieferte Stoffe und Motive auf und fügt sie zu einer christlichen Aussage zusammen. Er weitet damit nur aus, was die Evangelisten Matthäus und Markus in der Endzeitrede schon grundgelegt haben. Mt 24, 1-42 Vorhandene Stoffe aktualisieren oder einen bestimmten, darin enthaltenen Akzent besonders herausheben, dieses Mittel haben Schriftsteller in allen Zeiten angewandt.

Die Apokalypse des Johannes ist ein eindrückliches Buch. Es ist eine Form von Predigt. Wenn man weniger auf die furchterregenden Bilder und mehr auf die Gesamtaussage schaut, ist die Apokalypse ein dramatischer Aufruf an die verängstigten Christen. Sie sollen den Machteinfluss der Bosheit in der Welt ernst nehmen, sich mit dem Guten verbünden und sich auf die biblische Botschaft verlassen. Wesentlich ist auch die Aussage, dass das Gute schließlich das Böse besiegen wird und am Ende paradiesische Zustände herrschen werden. Es gibt eine letzte Gerechtigkeit, die Gott beim jüngsten Gericht herstellen wird.

... und ein Buch *gegen* die Angst

Johannes greift in der Apokalypse die Ängste der Menschen seiner Zeit auf: Verfolgungen, Verleumdungen aller Art. Der römische Caesar Domitian forderte göttliche Verehrung, was neue Auseinandersetzungen herauf beschwor. Johannes dramatisiert den Kampf des Guten mit dem Bösen mit den Bildern seiner Visionen, um die Hoffnung auf den tröstlichen Ausgang dieses Kampfes zu stärken: „Ich sah einen neuen Himmel und eine neue Erde; ...Er wird alle Tränen von unseren Augen abwischen: Der Tod wird nicht mehr sein, keine Trauer, keine Klage, keine Mühsal." Off 21.1,4

Die jüdischen Apokalypsen wie die johanneische haben ein ähnliches Ziel, nämlich zu trösten und zu stärken, um treu bleiben und durchhalten zu können: Es ist schlimm, was wir erleben. Das Böse ist mächtig geworden, es hat großen Einfluss. Und es wird noch schlimmer werden. Aber wir halten zusammen. Wir geben nicht auf. Wenn wir uns an die Verheißung halten, kann uns letztlich nichts passieren. Das Schreckliche, das sich in der Welt abspielen wird, muss geschehen. Das ist mit mächtigen Geburtswehen vergleichbar. Schließlich wird das Gute siegen. Gott schafft Recht und Frieden und Glück. Die Botschaft lautet: Haltet durch, es lohnt sich!

Dramatisieren kommt an, damals wie heute

Und schon damals wie heute taten und tun dramatische Bilder und Botschaften, die mit dem „Schleier des Geheimnisses" umgeben sind, ihre Wirkung. Der Mensch interessiert sich in viel höherem Maße für etwas, das wirklich oder vermeintlich ein Geheimnis birgt als für etwas, das offen da liegt. Daran hat sich bis heute nichts geändert. Wenn irgend etwas Dramatisches geschieht, berichten die Medien pausenlos darüber, solange man keine Details weiss. Endlos wird spekuliert, werden Wahrscheinlichkeiten, Vermutungen, Gerüchte verbreitet. Ist dann alles aufgeklärt, ebbt das Medieninteresse rasch ab. Das Ereignis lässt sich so lange gut vermarkten, solange es Geheimnisse birgt.

Apokalyptische Visionen verbreiten Angst, weil sie oft mit dieser Absicht verbreitet werden. Man kann sie aber auch ganz anders verstehen: Versucht eure Angst auszuhalten. Wenn es so schlimm geworden ist, nähert sich die Krise dem Höhepunkt. Bald wird das Gute, das Gesunde, die Chance wieder an Boden gewinnen. Gerade jetzt ist es wichtig, nicht aufzugeben. Diese Situation hat große Ähnlichkeit mit bestimmten Phasen in einer Therapie. Es gibt einen kritischen Höhe- oder, wenn man lieber will, einen Tiefpunkt, an dem die eigentliche Wende eintritt, beziehungsweise erfahrbar wird. Auch ein Blick in die Menschheitsgeschichte bestätigt: Wenn der Größenwahn einen bestimmten Höhepunkt erreicht hat, verliert er seine Macht und, vorausgesetzt die Menschen haben dazugelernt, kann eine bessere Zukunft beginnen.

Jahrtausendwende und Endzeitängste

Immer wieder treten Endzeitpropheten auf, berufen sich auf die Apokalypse, auf Visionen oder auf den Kalender der Maja, usw. Und sie geben vor, das Datum des Weltuntergangs zu kennen, das für sie immer in der Jetztzeit liegt. Die Jahrtausendwenden scheinen sich besonders gut zu eignen, um mit solchen Ankündigungen Menschen zu verängstigen. Weil aber wenige Generationen eine Jahrtausendwende erleben, müssen auch andere Anlässe und Ereignisse dafür herhalten.

Zeitenwenden und Weltuntergang mit einer bestimmten Jahreszahl zusammenzuhängen, ist willkürlich. Ebensowenig haben Jahrhundert- oder Jahrtausendwenden Einfluss auf konkrete Veränderungen auf unserer Erde oder auf mögliche Gefahren für unseren Planeten. Trotzdem können Endzeitpropheten mit solchen Behauptungen Scharen in Angst versetzen. So geschah es bei der ersten Jahrtausendwende nach unserem (gregorianischen) Kalender, so war es bei der zweiten Jahrtausendwende. Und das wird bei den kommenden ebenso geschehen. Aufgrund von Berechnungen der Astronomen liegt aber der Weltuntergangstermin noch unzählige Jahrtausendwenden entfernt. In etwa 900 Millionen Jahren soll die Erde nicht mehr bewohnbar sein. Unsere Zeitrechnung wie auch andere sind höchst ungeeignet, um den Weltuntergang zu terminieren.

Die Zeitrechnung ist von Menschen gemacht

Die Vorstellung, eine Zeitenwende, speziell eine Jahrtausendwende, berge eine lebensbedrohliche Gefahr für uns Menschen, ist ein Mythos. Das, was sich im Universum ereignet, richtet sich nicht nach einem menschlichen Kalender. Falls doch, welcher wäre es dann? Der Kalender der Maja umfasste einen viel weiteren Zeitraum als der unsere, der nach 365 oder 366 Tagen endet, beziehungsweise neu beginnt. Ihr Kalender beendete am 21. Dezember 2012 seinen ersten Durchgang. Es gibt keinen Hinweis, dass die Majas mit dem Ende des ersten Kalenderdurchganges den Weltuntergang verbunden hätten. Die Jahreszahlen, an denen die Menschen sich orientieren, sind etwas Beliebiges. Während Jahrtausenden war es üblich, die Jahre nach den Regierungszeiten der jeweiligen Herrscher, von Kaisern und Fürsten, zu zählen. Der Evangelist Lukas datiert die erste Volkszählung im Römischen Reich nicht mit einer Jahreszahl, sondern so: „... als Quirinius Statthalter von Syrien war." Lk 2, 2 Andere Zählungen beziehen sich auf (religiöse) Ereignisse, auf das Auftreten von Religionsstiftern, oder beginnen mit Ereignissen, die das Leben ganzer Völker entscheidend geprägt haben. Nach jüdischer Zeitrechnung war das „kritische" Jahr 2000 unserer Zählung das Jahr 5761, für Moslems war es das Jahr 1378. Selbst wenn wir unsere Zeitrechnung, die mit der Geburt Jesu beginnt, als die einzig Richtige annehmen würden, eignet sie sich nicht für Voraussagen. Denn das Geburtsjahr ist nicht wirklich bekannt und konnte bis heute nicht sicher festgelegt werden. Es liegt irgendwo zwischen dem 7. und 4. Jahrhundert vor der christlichen Zeitrechnung. Warum sollte das Geschehen im Kosmos gerade mit unserem Kalender synchron verlaufen?!

Es ist sinnvoll, zwei Dinge auseinander zu halten: das Ende unseres Planeten, damit auch das Erlöschen von Leben auf der Erde und der Zeitpunkt, an dem das geschehen wird. Angesichts der unterschiedlichen Zeitrechnungen ist klar, dass keine der zufällig runden Jahreszahlen für das Schicksal der Welt bestimmend sein kann. Das gilt auch, wenn man an die Möglichkeit eines gravierenden Meteoriteneinschlages denkt. In den Jahren 2029 und 2036 (unserer Zeitrechnung) werden Meteoriten in Sichtweite an der Erde vorbeifliegen und nach aktuellen Berechnungen keine Gefahr für die Erde darstellen.

In stürmischen Zeiten sind wir alle auf einen Leuchtturm angewiesen, der uns die Richtung zeigen kann und uns Mut macht durchzuhalten, bis sich der Sturm gelegt hat und bis wir am (neuen) Ufer gelandet sind.

Potenzierte Zukunftsängste

Was der nächste Tag wohl bringen wird, wird mit Sorge erwartet, wenn man bereits in einer schwierigen Situation steckt. Umso größer ist die Angst vor dem Unbekannten, wenn man ein ganzes Jahr oder gar ein ganzes Jahrzehnt vor sich hat. Da ist es verständlich, dass sich Zukunftsängste vor einem neuen Jahrhundert oder Jahrtausend potenzieren. Weltuntergangsprophetie beschränkt sich aber längst nicht auf runde Jahreszahlen. Krisen- und Notsituationen, echte und fantasierte, begünstigen apokalyptische Ängste. So entstanden die jüdischen apokalyptischen Schriften in Zeiten, in denen das jüdische Volk seinen Untergang befürchten musste. Das war, als die Römer um 70 n. Chr. Jerusalem eroberten und den Tempel zerstörten. Die Apokalypse des Johannes war eine Reaktion auf die Unterdrückung und Verfolgung der Christen durch den römischen Kaiser Domitian.

Angst ist bei all dem das zentrale Phänomen. Die Diskrepanz zwischen dem Traum vom Paradies und der oft harten Realität unseres Lebens führt dazu, dass sich viele lieber vor den täglichen Sorgen in eine Wunschwelt flüchten, statt die Probleme sinnvoll anzugehen. Der Wunsch- und Traumwelten sind viele in der Konsumwelt der westlichen Zivilisation. Die Fluchttendenz ist groß und weit verbreitet, Flucht in Konsum, ins Vergnügen, in ferne, „unverdorbene" Gegenden, in die „Freiheit" der Gesetzlosigkeit, in „Heils-Lehren und -Erlebnisse" aller Art. Die radikalste aller dieser Tendenzen ist die Flucht auf einen andern Planeten, das heißt realistisch, Flucht in den Tod, dem man entrinnen möchte. Das alles geschieht, um sich den Ängsten nicht stellen, sie nicht aushalten zu müssen. Es geschieht in der Absicht, der vermeintlichen Gefahr zu entfliehen.

Warum spielen gerade die Jahrtausendwenden und andere symbolträchtige Daten und Ereignisse dabei eine so zentrale Rolle? Warum lassen sich so viele Menschen davon so sehr beeindrucken und lassen sich für die unmöglichsten „Botschaften" einspannen oder gar ausnützen? Wie kommt es, dass es immer wieder gelingt, so zahlreiche und auch hochgebildete Leute dazu zu bringen, sich in die wildesten Fantasien zu flüchten, zum Beispiel sich auf einen anderen Planeten evakuieren zu lassen, statt sinnvollere Angstbewältigungsstrategien zu suchen? Besonders erstaunlich ist dabei, dass diese Menschen ihre Fantasien zwar einerseits auf wissenschaftliche Erkenntnisse stützen, theoretisch könnte Leben auf andern Planeten möglich sein. Anderseits aber ignorieren sie die Tatsache, dass es vorläufig und wohl noch lange Zeit unmöglich ist, zu einem dieser Planeten zu reisen und dort zu überleben. Die belegbaren Überlebensmöglichkeiten auf dieser Erde - weit über viele kommende Generationen hinaus - werden hingegen ignoriert.

Weil sich in Endzeitängsten in Wirklichkeit die eigenen Todesängste manifestieren, ist das Bedürfnis nach Rettung aus dieser misslichen, unheimlichen Situation besonders groß. Die Angst vor dem Weltuntergang ist immer Angst vor dem Tod, denn der Weltuntergang bedeutet ja das Ende des Lebens auf unserem Planeten. Die Angst vor dem Tod beinhaltet viele Befürchtungen: Die Angst vor dem Leiden, Angst vor Schmerzen und Qualen (im Sterbeprozess und im Jenseits), Angst vor der Ungewissheit, Angst vor dem Verlust, vor dem Verlorengehen, vor dem Alleingelassenwerden, vor dem Nichtbestehenkönnen, vor dem Untergehen, vor dem Nicht-mehr-sein. Um uns dieser Tatsache bewusst zu werden, brauchen wir nicht notwendig Weltuntergangsängste, obwohl verständlich ist, dass das Ende eines Jahrtausends in ausgeprägtem Maße an die Endlichkeit des Lebens erinnert. Tatsache ist auch, dass sich viele dieser Ängste relativieren, wenn wir uns ernsthaft mit ihnen auseinandersetzen. Die Flucht davor verstärkt sie.

Unser Leben führt durch zahlreiche Übergänge mit und ohne Zusammenhang mit Jahreszahlen. Es ist nur zu begrüßen, wenn diese als Anlass zur Besinnung genützt werden, vor allem auch in Bezug auf das, was die persönliche Lebenssituation und Lebenshaltung betrifft. Aufgebauschte Ängste sind dabei aber nicht hilfreich.

Wir brauchen wenigstens mögliche Erklärungen für Geheimnisse

Wir Menschen können nur schwer mit ungelösten Rätseln und mit Geheimnissen leben. Wir möchten nicht nur aus Neugierde alles ergründen und verstehen, sondern auch weil es Angst macht, etwas nicht begreifen und kontrollieren zu können. Solange wir uns mangels Wissen und Können in vielen Bereichen ohnmächtig fühlen, müssen wir damit leben, dass etwas oder jemand mächtiger ist als wir Menschen. Die Ur-Versuchung, alles wissen und verstehen zu wollen, der die ersten Menschen nicht widerstehen konnten, legt die Bibel einer Schlange in den Mund: „Ihr werdet sein wie Gott". So kommt es, dass die Menschen seit Menschengedenken „wissen", wie das war mit der Erschaffung der Welt und wie das sein wird mit ihrem Untergang. Die Menschen leben weiterhin im Traum, eines Tages alles im eigenen Leben und alles auf dieser Welt in der Hand zu haben, bestimmen und beherrschen zu können. Selbst wenn es gelänge, Anfang und Ende des Universums und damit auch das Ende des Planeten Erde genau zu verstehen, liegt es weit außerhalb der menschlichen Möglichkeiten, dieses Geschehen auch zu beherrschen. Dies feststellen zu müssen, lässt ein Gefühl der Ohnmacht zurück. Je größer die Ohnmacht, je heftiger die Angst, umso unkritischer hören Menschen auf einen, der vorgibt, die Antwort und den Ausweg aus dieser Angst zu kennen.

Wenn es schon sein muss, dann jetzt

Viele kennen das wohl aus eigener Erfahrung oder aus der Beobachtung von andern: Man sieht ein bedrohliches Ereignis auf sich zukommen und hofft, dass es doch nicht eintritt. Doch eines Tages ist klar, es lässt sich nicht abwenden. Und dann wünscht man sich, dass es jetzt möglichst rasch geschieht. Wer könnte das nicht verstehen? Der Arzt sagt nach seiner Diagnose, die Operation sei unumgänglich, aber sie müsse nicht sofort sein. Also wartet man noch zu, fragt da und dort nach, holt noch eine Zweitmeinung ein mit dem Resultat, die Operation muss sein. Und nun möchte man sie möglichst rasch hinter sich haben.

Einem Kind, das in der Schule aus irgendeinem Grunde ausgegrenzt wird, wird immer wieder gedroht, es werde wegen seines Verhaltens aus der Schule fliegen. Die Angst des Kindes steigert sich zusehends. Auf dem Höhepunkt der Angst versucht das Kind durch Provokationen die Sache zu einem schnellen Ende zu bringen.

Jemand begleitet einen nahestehenden Menschen geduldig und mit großer Anteilnahme in einem lang andauernden Krankheits- und Sterbeprozess. Gegen alle Wahrscheinlichkeit, dass die Krankheit zum Tode führt, gibt er die Hoffnung auf Heilung des Kranken nicht auf. Doch auf einmal wendet sich die Hoffnung dem Wunsche zu, das Leiden und die Last möchten nun möglichst bald ein Ende haben. - Wie heißt doch der oft gehörte Spruch: Lieber ein Ende mit Schrecken als ein Schrecken ohne Ende.

Die Menschen möchten ewig leben

„Nun geht es darum, dass er nicht ... ewig lebe!"

Der Gedanke an den Weltuntergang erinnert uns an unsere kurze Lebenszeit auf dieser Welt, auch wenn uns das im jeweiligen Moment nicht immer bewusst ist. Das Ende unseres Planeten bedeutet ja auch das Ende der Menschheit. Nach der biblischen Schöpfungsgeschichte war von Anfang an nicht vorgesehen, dass der Mensch ewig lebe. „Nun geht es darum, daß er nicht noch seine Hand ausstrecke, sich am Baume des Lebens vergreife, davon esse und ewig lebe!" 1 Mos 3.22 Um das zu verhindern, wurden Adam und Eva aus dem Paradies verwiesen. Dass wir Menschen uns für das tägliche Überleben abmühen müssen, nehmen wir mehr oder weniger als selbstverständlich hin. Dass wir sterben müssen, das ist und bleibt eine beängstigende Vorstellung und ist schwer zu verkraften. Da helfen alle Idealisierungen des Sterbens nicht weiter. Aber auch die Verdrängung der Angst ist keine Lösung. Erleichterung bringt viel eher, sich dieser Angst zu stellen und ihre Hintergründe auszuleuchten, wie dies bereits im Kapitel „Die beängstigende Vorstellung, nicht mehr zu sein" aufgezeigt wurde.

Welche Beziehung die Menschen der Urzeit zu ihrem eigenen Tod hatten, wissen wir nicht. Wir wissen, dass schon in früher Zeit Menschen zur Überzeugung kamen, dass die Geister der Verstorbenen weiter existierten. Ob die Menschheit von Beginn an ein inneres Wissen um die Weiterexistenz nach dem Tode hatte? Oder war es die Unvorstellbarkeit des Nicht-mehr-seins, welche die Menschen zur Überzeugung brachte, dass menschliches Sein nicht auf die irdische Lebenszeit beschränkt sein könne? Die Aufklärung und Säkularisierung der Neuzeit haben nichts daran geändert, dass der allergrößte Teil der Menschheit am Glauben an eine Weiterexistenz über das irdische Leben hinaus festhält. Die konkreten Vorstellungen haben sich sehr verändert. Auch unter den Christen ist eine zunehmende Vermischung mit Vorstellungen anderer Religionen festzustellen. Ist es übertrieben zu sagen, die meisten Menschen möchten ewig leben? Sei es in einer neuen körperlosen Daseinsweise, sei es als ein ewiges Weiterleben in der irdischen Gestalt. Ein amerikanisches Unternehmen will dazu verhelfen, in dem es Verstorbene einfriert in der Hoffnung, die Medizin könne in absehbarer Zeit alle Krankheiten heilen und den Alterungsprozess stoppen. Wenn es so weit ist, werden die Verstorbenen wieder aufgetaut. Auch das ist eine Möglichkeit, mit der Angst vor dem unbekannten Nachher umzugehen. Ob man sie für sinnvoll hält, muss jeder für sich selbst entscheiden.

Der Mensch kann nicht sein, ohne wenigstens mögliche Erklärungen zu haben für Dinge, die für ihn ein Geheimnis sind. Am Beispiel des Todes, beziehungsweise an dem, was nach dem Tode sein wird, meldet sich dieses unstillbare Bedürfnis nach Klärung und Verstehen besonders deutlich. Die Szenarien, die für die Existenz nach dem Tode ausgedacht und aufgeschrieben wurden, sind zahlreich, zum Teil sehr konkret, lebendig und anschaulich wie ein spannender Roman. Dabei haben uralte Vorstellungen nicht einfach den neueren Platz gemacht. Sie tauchen auch bei Menschen unserer Zeit immer wieder auf. So kenne ich Menschen, die sich als Atheisten bezeichnen und gleichzeitig überzeugt sind, dass ihre Eltern in einer geistigen Weise weiter existieren. Und sie „besprechen" unter Umständen mit ihnen ihre Probleme. Einige Urvölker haben den Geistern der Ahnen Hütten oder Wohnhöhlen gebaut. Andere nahmen an, dass sie auf Bäumen oder auf den Bergen wohnten. Wieder andere gingen davon aus, dass die Seelen der Verstorbenen in Tieren oder in Pflanzen weiterleben würden. Bei den alten Griechen war die Vorstellung verbreitet, dass einige Auserwählte in Elysium von allem Kummer befreit, die andern hingegen im Schattenreich weiterleben würden.

Als dieser bestimmte Mensch wieder erkennbar sein

Der römische Schriftsteller Vergil [19] schildert Szenen, bei denen er selbstverständlich davon ausgeht, dass die Menschen nach dem Tod in der irdischen körperlichen Gestalt weiterleben. Sie werden also als dieser bestimmte Mensch erkennbar sein. Sie werden nicht mehr materiell fassbar sein, sondern als Geistwesen, aber mit uneingeschränkten menschlichen Empfindungen weiter existieren. Auch berichtet er vom Glauben an eine Wiederverkörperung des Menschen, allerdings nicht im Sinne heutiger östlicher Religionen (z. B. Buddhismus), um einen höheren Grad der Vollkommenheit zu erlangen, sondern erinnerungslos, in einem vom alten Leben unabhängigen Neubeginn.

Die christliche Vorstellung unterscheidet sich, was die Existenzweise des Menschen nach dem Tod betrifft, nicht wesentlich von der griechischen. Der von den Toten auferstandene Jesus zeigt sich seinen Jüngern in seiner bisherigen Gestalt; die Jünger erkennen ihn wieder und sie können ihn gar anfassen. Dass er ein Geistwesen ist, zeigt sich daran, dass er plötzlich greifbar da ist und ebenso plötzlich wieder aus ihrer Mitte entschwindet.

Der „Himmel" über den Wolken ist entschwunden

So wie wir heute das Weltall sehen und verstehen, ist es nicht mehr möglich, sich die ewige Heimat des Menschen als einen Ort über dem Firmament zu denken. Überhaupt passen Bilder wie der Himmel als Ort oder jenes vom königlichen Hochzeitsmahl nicht mehr in heutiges Denken von einer jenseitigen Existenz, am ehesten noch „Wohnungen". Viel eher können Menschen von heute etwas mit „Zustand" anfangen. Ein Zustand der Ruhe, der Freiheit von Sorgen und Nöten, des Friedens, der Freude, des Glücks. Je weiter wir von den alten Bildern der Ewigkeit weg kommen, desto näher sind wir beim Kern der Aussagen all dieser Beschreibungen. Dabei ist auffallend, wie viele Menschen sich heute den „Himmel" als einen Zustand des Nichts-mehr-müssens, des Endlich-Ruhe-haben-wollens, vorstellen. Für gehetzte und überforderte Menschen ist das eine Himmelsvorstellung.

Wie auch immer die Menschen verschiedenster Völker, Kulturen und Religionen sich das Leben im Jenseits gedacht haben, sie waren und sind überzeugt, dass ihre Jenseitsvorstellungen nicht bloß menschliche Fantasien sind, sondern ein Wissen, das ihnen von „oben" zugekommen, eine göttliche Offenbarung ist. Dabei fällt auf: Die Bilder aller Schilderungen des Jenseits stammen ganz aus dem menschlichen Erleben, die Botschaft, die sie vermitteln, steht hingegen außerhalb der menschlichen Erfahrungswelt. Ein ganz wesentlicher Aspekt bei all diesen Vorstellungen vom Übergang vom irdischen zum ewigen Leben ist die (Ver-)Wandlung des Menschen in einen anderen, definitiven Zustand, in eine neue, vollkommene(re) Lebensform. Weil wir doch alle mehr oder weniger unter den beschränkten Möglichkeiten in unserem Leben und unter unserer Unvollkommenheit leiden, ist die zu erwartende Wandlung unserer Existenzweise ein hilfreicher Gedanke gegen die Angst.

Anders sieht das bei vielen sektenhaften Endzeitprophezeiungen aus. Da findet gerade keine Verwandlung statt. Der Mensch zieht einfach um, wandert aus auf einen anderen Planeten, sogar mit gewöhnlichem Reisegepäck, wie wir es auf eine Ferienreise mitnehmen würden. Auf diesem Planeten lebt er in seiner jetzigen Gestalt und Beschränktheit weiter. Diese Vorstellung ist für gewisse Menschen offensichtlich leichter zu ertragen als die eines (schmerzlichen und unabsehbaren) Abschieds- und Verwandlungsprozesses.

Eine schlichte Wasserlache möchte ich sein und den Himmel spiegeln.
Helder Camara

Die Menschen brauchen Mythen

Der Wunsch, alles zu verstehen

Der Mensch kann als einziges Lebewesen denken. Und weil er denken kann, drängt es ihn, alles verstehen zu wollen. Gleichzeitig ist es eine Urerfahrung, dass es so viele Dinge im Leben und im Umfeld des Menschen gibt, die ihn staunen lassen, die ihn faszinieren, die ihm Angst machen. In der Urzeit waren es vor allem die Naturgewalten aber auch die Erscheinungen am Himmel, die den Menschen in Staunen, Ehrfurcht und Angst versetzten. Heute sind es vorwiegend der Mikrokosmos und der Makrokosmos, welche die Menschen gleichermaßen in Bann schlagen können. Die Menschen versuchen inzwischen mit Hilfe der Wissenschaft die Welt, sich selbst und das Universum zu verstehen und die Geheimnisse zu enträtseln. Der moderne Mensch hat sich - scheinbar - von mythologischen Erklärungsversuchen der Welt befreit. Die Erkenntnisse der wissenschaftlichen Forschung haben uns weitgehend überzeugt und lange im Glauben gelassen, dass es eines Tages gelingen könnte, alle Geheimnisse der Welt und des Lebens und des Universums zu entschlüsseln. Inzwischen sind zwei Dinge klar geworden, die diesen Traum nachhaltig erschüttert haben.

Mit jedem Schritt, mit dem es der Wissenschaft gelingt ein Geheimnis zu lüften, steht sie vor einem neuen; im Mikrokosmos tun sich immer neue Welten auf genau so wie im Universum. Das ist nicht unbedingt beängstigend, aber der Wunsch, einmal alles in den Griff zu bekommen, ist in weite Ferne gerückt. Gerade im Bereich Gesundheit und Medizin empfinden wir das doch als eine unerfreuliche Angelegenheit.

Weil das Wissen so umfangreich geworden ist, wurde der Mensch gezwungen, sich zu spezialisieren. Das führt dazu, dass der Blick auf komplexe Zusammenhänge immer mehr verloren geht. Auch in den einzelnen Spezialgebieten ist es einem Einzelnen praktisch nicht mehr möglich, alle relevanten Zusammenhänge im Auge zu behalten. Ein einzelner Programmierer ist nicht mehr in der Lage, eines der millionenfach benützten Computerprogramme zu entwickeln oder es in allen Einzelheiten zu kennen und auszutesten. Bei einer Programmänderung oder Ergänzung ist niemand in der Lage, alle möglichen Auswirkungen in allen Funktionen eines Programmes vorauszusehen. Entsprechende Pannen sind einerseits einfach lästig. Anderseits hat diese Unberechenbarkeit auch etwas Unheimliches.

Mythologische Erklärungsversuche auch heute

Die Welt der Menschen ist voller Mythen. Das war schon immer so und gilt bis heute. Was an PC-Software so anschaulich gemacht werden kann, trifft auf viele andere Bereiche in Wissenschaft, Wirtschaft und Ökologie zu. Und was ist die Folge davon? Die Menschen greifen wieder auf mythologische Erklärungen und Voraussagen zurück.

Nehmen wir das Beispiel Medizin. Sie hat es geschafft viele Krankheiten auszurotten. Doch dann tauchen überraschend neue, unbekannte Krankheiten wie SARS, Vogel- und Schweinegrippe auf. Und die zunehmenden Antibiotikaresistenzen erschweren neu die Behandlung von Krankheiten, die nach der Entdeckung des Penizillins und weiterer Antibiotika erfolgreich bekämpft werden konnten. Lange haben wir geglaubt, der Medizin würde es eines Tages gelingen, alle Krankheiten zu heilen. Inzwischen ist klar, dass das wohl noch lange, vermutlich für immer ein Wunschtraum bleiben wird.

Es ist zwar nicht neu, dass die Allmacht der Schulmedizin in Frage gestellt wird. Aber es war doch lange Zeit eine Minderheit, die ihr Können in Zweifel gezogen hat. Nicht ohne Grund wurden die Ärzte über Generationen hinweg als „Götter in Weiß" betitelt. Inzwischen hat die Ärzteschaft selbst einiges dazu getan, um sich von diesem Überforderungsanspruch zu befreien. Doch die Zahl der Menschen, die der Schulmedizin und vor allem auch der Pharmaindustrie gegenüber misstrauisch geworden und enttäuscht sind, hat sich inzwischen vervielfacht.

Besonders aus dieser Enttäuschung heraus fragen heute viele Menschen wieder neu nach den Ursachen und Zusammenhängen von Gesundheit und Krankheit. Dass die medizinischen Möglichkeiten an neue Grenzen stoßen, löst Ängste und Ohnmachtsgefühle aus. Und manche Menschen geben den geheimnisvollen Kräften und Mächten der Natur den Status frühzeitlicher Götter, die man verstehen und sich mit ihnen versöhnen muss. Wenn man tut, was die Natur von einem erwartet, wenn man sich ihren Bedingungen unterwirft, mit ihr in Einklang lebt, wird einem nichts geschehen. Das ist der Boden, auf dem erneut vielfältige moderne Mythen wachsen. Sie bieten für alles eine Erklärung, die zum Teil richtige Schlüsse aus Beobachtungen und Erfahrungen zieht, aber auch Erklärungen, die der Fantasie und vor allem dem Wunschdenken entspringen. Folgerichtig bieten diese Mythen sowohl sinnvolle wie auch unsinnige Begründungen an, wie wir von Krankheiten verschont bleiben könnten. Und schließlich geben solche Mythen vor, Rezepte zu besitzen, wie wir auch Krankheiten, die als unheilbar gelten, heilen und überleben könnten. Diese Mythen sind ein Versuch, sich vor Ohnmachtsgefühlen zu schützen und die Angst vor dem Krankwerden zu bannen.

In allen Bereichen, die der Kontrolle der Menschen zu entgleiten drohen, werden Mythen geboren, sei es in der Welt undurchsichtiger globaler Wirtschaftsunternehmen oder im Bereich von politischem, religiösen und auch anderem Fanatismus. Mit Erklärungsversuchen versprechen die Akteure, letztlich alles im Griff zu haben oder wenigstens die Kontrolle bald wieder zu erlangen. Weil es leichter ist, sich von mythischen Erklärungen beruhigen zu lassen als Unsicherheit und Ungewissheit auszuhalten, nehmen wir solche Erklärungen doch in der Regel gerne an.

Wie Mythen entstehen und was sie dem Menschen nützen - Erfahrung, Überhöhung und Dichtung

Ein Mythos ist mehr als eine fantasievolle Dichtung. Mythen gehen von Beobachtungen und Erfahrungen aus und versuchen, Unerklärliches aus der Vergangenheit zu erklären und Zukünftiges davon abzuleiten. In einem Mythos steckt immer ein Stück Wahrheit. Mythen sind nicht sinnlose Fantasiererei. Sie sind Erklärungsversuche für Dinge und Zusammenhänge, die sich der Mensch nur durch Ableitungen von Erfahrenem und Gehörtem erklären kann. Ein Mythos ist also ein Gemisch von Erfahrung und Fantastereien, von Wissen und von Denkbarem. Weil viele Fakten aus der Vergangenheit nicht bekannt sind und weil zukünftige Entwicklungen schwer abgeschätzt werden können, sind manche Aussagen von Mythen Teilwahrheiten und Irrtümer. Mythen wollen wichtige Erfahrungen der Menschen weitergeben eben in der Weise, wie sie diese deuten. Sie haben oft erzieherische Ziele und wurden und werden zu diesem Zweck entsprechend ausgeschmückt, dramatisiert, dem konkreten Zweck angepasst.

Wege mit der Angst, Wege aus der Angst

Es gibt Wege aus der Angst

Diese Überschrift hält nochmals fest, was die Zielsetzung dieses Buches ist. Es geht darum zu lernen, auf Ängste sinnvoll zu reagieren, Lebenshilfen, die sie uns anbieten, zu nützen, die Angst vor der Angst abzubauen, aber auch darum, sich von irrationalen Ängsten zu befreien. Es geht auch darum, ein Gespür dafür zu entwickeln, was aus dem breit gefächerten Markt von Angstbewältigungs-Hilfsangeboten eine echte Hilfe anbieten kann. Klar geworden ist sicher auch, dass Hilfe nicht darin bestehen kann, Ängste auf Gedeih und Verderb irgendwie los zu werden.

Bevor der erste Schritt aus der Angst möglich wird, ist einiges an Vorarbeit zu leisten. Das bisher Besprochene beziehungsweise Beschriebene in Kurzform zusammengefasst:

- Die Angst wahrnehmen. Sie kann sich auf verschiedenste Art bemerkbar machen, nicht selten zuerst in körperlichen Symptomen.

- Die Angst akzeptieren, dazu stehen. Das heißt für viele, Hemmungen zu überwinden.

- Die konkrete Gestalt der Angst kennenlernen. Angst ist ein allgemeiner Begriff und sagt noch nichts darüber aus, worauf sich die Angst bezieht. Angstgespenster durchschauen lernen.

- Den tieferen Grund der Angst erkunden. Woher kommt beispielsweise die Angst: Ich schaffe es nicht mehr!? Ist es die schon länger andauernde Überforderung? Schränken gesundheitliche Probleme die Leistungsfähigkeit ein? Macht sich das Alter bemerkbar?

- Sich um Einsicht in die nützliche Seite von Ängsten bemühen: „Achtung Gefahr!"

Es gibt Wege aus der Angst, auch wenn sie manchmal anspruchsvoll sind. Und wenn „der Boden" schwankt, braucht man vielleicht das Beispiel von andern, die mit- oder vorausgehen.

Wege aus der Angst finden kann in bestimmten Zusammenhängen durchaus heißen, sich von dieser Angst definitiv befreien zu können (wobei „definitiv" ein gewagter Begriff in Bezug auf Angst ist). Es ist möglich, dass jemand einer gefährlichen Situation längst entronnen ist, aber nicht realisiert hat, dass keine Gefahr mehr besteht.

Da gibt es Berichte von Menschen, die sich während Kriegswirren in Wäldern versteckt hatten und Jahre oder Jahrzehnte danach noch nicht erfahren hatten, dass der Krieg längst zu Ende war. Wären sie nicht zufällig von Wanderern oder Waldarbeitern entdeckt worden, lebten sie vielleicht noch heute in der inzwischen unbegründeten Angst. - Der tyrannische Lehrer hat schon lange nichts mehr zu sagen, aber Autoritäten können einen weiterhin massiv einschüchtern. - Die Angst, in der Stadt verloren zu gehen, die einem damals so riesig erschien, ist längst kein Thema mehr.

So manches, was in der Kinder- und Jugendzeit zu Recht Angst gemacht hat, kann mich nicht mehr erschrecken, weil es in meinem jetzigen Leben nicht mehr vorkommt. Manches ist nicht mehr beängstigend, weil ich inzwischen Zusammenhänge kenne, Fähigkeiten entwickelt habe, besser und wirkungsvoller zu reagieren. Was mich früher in Zukunftsängste hätte versetzen können, plagt mich nicht mehr, weil ich gelernt habe, Probleme zu lösen oder auch mit Problemen zu leben.

Das „definitiv" von vorhin ist noch ein wenig weiter einzuschränken. Eine aus früheren Erfahrungen tief sitzende Angst verschwindet nie ganz. Sie schlummert irgendwo, bis ein ähnliches Ereignis sie wieder weckt. Viele ältere Menschen kennen das: Die Großstadt ist im Laufe des Lebens vertrautes Land geworden. Doch eines Tages wird die Stadt mit ihren Menschenmassen am Bahnhof, mit den komplizierten Automaten, den ständig wechselnden Verkehrsführungen, dem hektischen Verkehr auf einmal wieder Furcht einflößend, wenn der jugendliche Elan nachlässt und die Beweglichkeit abnimmt.

Angst-Bewältigungsangebote, Angstabwehr

Verängstigte Menschen brauchen Angstbewältigungsstrategien. Und sie neigen dazu, Strategien zu wählen, die zwar vordergründig helfen, in Wirklichkeit jedoch die Angst verdrängen, zum Beispiel mit nicht Wahr-haben-wollen. Man kann so tun, als wäre da keine Gefahr. Als vor Jahren erstmals das Waldsterben groß thematisiert wurde, hörte ich Leute sagen: „Ich kann auch ohne Wald Auto fahren." - Wenn die Spiel- oder eine andere Sucht einen Menschen immer stärker versklavt, sagt der Süchtige: „Da ist doch gar kein Sklaventreiber."

Angst-Abwehrmechanismen - sie können helfen und sie können schaden [20]

Der Begriff der Abwehr bezeichnet Verhaltensweisen und "Kunstgriffe", mit deren Hilfe sich der Mensch vor angstmachenden Konflikten zu schützen sucht. Wir Menschen bedienen uns dieser Abwehrmechanismen, um uns Leid zu ersparen, uns vor Schmerzen zu schützen, um Vorwürfen zu entgehen und um Scham und Ekel abzuwehren. Die Abwehrmechanismen dienen also einerseits der Angstabwehr und schützen vor unerträglichem psychischem Stress. Die Abwehrmechanismen laufen automatisch ab, das heißt ohne bewusste Absicht und oft ohne es selbst zu realisieren (deshalb Mechanismen). Starke und rigide Abwehrmechanismen verhindern Entfaltungsmöglichkeiten. Sie binden Energien, verursachen großen Kräfteverschleiss und führen zu einer Ich-Schwäche. Die Realitätsprüfung kann nicht angemessen geleistet werden. Abwehrmechanismen sind in gewissen Momenten und Zeiten eine echte Hilfe, wenn es wichtig ist, Ängste auszuhalten und die eigene Handlungsfähigkeit in den alltäglichen Pflichten zu erhalten. Sie werden aber zum sprichwörtlichen Klotz am Bein, wenn sie nie aufgedeckt werden. Abwehrmechanismen verhindern, dass das Problem an sich wahrgenommen und eine Problemlösung angestrebt wird.

Abwehrmechanismen haben viele Gesichter

Abwehrmechanismen haben viel zu tun, um uns zu helfen, angstauslösende Situationen und Frust auszuhalten. Und das ist in manchen Fällen zu unseren Gunsten. Problematisch wird es dann, wenn die (unbewusste) Abwehr unser Verhalten über lange Zeit bestimmt.

Betrachten wir die Situation eines Mannes, der seine Stelle verliert, die ihm sehr viel bedeutet hat. Er bekommt schließlich eine neue Arbeit, die ihm nicht liegt. Er geht Tag für Tag widerwillig zur Arbeit, in ständiger Angst zu versagen. Aber er sagt sich selbst und jedem, der ihm zuhört, er habe eine besondere Chance bekommen, Neues zu lernen. Das sagt er, obwohl er sich nicht wirklich darauf einlassen kann. - Aber das kann sich ändern, wenn die schützende Mauer des Rationalisierens ihren Zweck erfüllt hat, und wenn der Mann mit der Zeit die echte Chance entdeckt. Ein Mädchen wird vom Vater abschätzig behandelt und fühlt sich nicht angenommen. Sie stellt sich vor, dass dieser Mann nicht ihr Vater sei. Sie glaubt fest, dass in Wirklichkeit ihr Pate, den sie sehr mag, ihr Vater ist. So kann sie die Angst, nicht zu dieser Familie zu gehören, besser aushalten.

„Affenliebe" ist auch so ein Wort, das für Abwehr steht. Sie ist häufig anzutreffen bei Eltern, die keine Zeit haben für die Kinder, der Kinder überdrüssig sind, sich von ihnen überfordert fühlen, ohne es sich einzugestehen. „Affenliebe", das ist zum Beispiel Überhäufen mit Geschenken und phasenweise penetrante Überfürsorglichkeit. Damit wird versucht, das schlechte Gewissen und die damit verbundenen Ängste zu bannen.

Welche Eltern kennen das nicht: Das Kind kommt „geladen" von der Schule nach Hause, weil es sich von der Lehrerin ungerecht behandelt fühlt. Der Mann kommt von der Arbeit gestresst heim, und kaum hat er die Wohnungstüre geöffnet, beginnt er zu meckern und kritisieren und ein sinnloser Streit bricht los. Weil die Angst vor den Folgen verhindert hat, dass der Ärger am richtigen Ort gezeigt wurde, ergiesst sich der Frust nachher über Unbeteiligte.

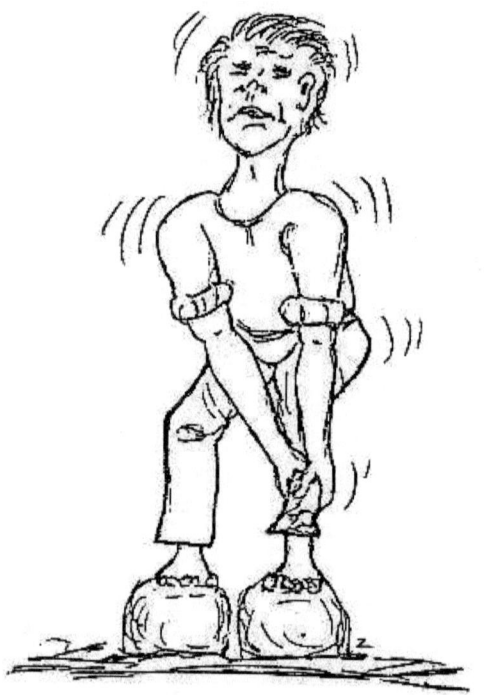

Abwehrmechanismen werden zum sprichwörtlichen Klotz am Bein, wenn sie nie aufgedeckt werden. Sie verhindern, dass das Problem an sich wahrgenommen und eine Problemlösung angestrebt wird.

Eine Kundin hat die Verkäuferin furchtbar genervt. Zwei Minuten später läuft ihr eine Kollegin über den Weg und bekommt als Antwort auf eine harmlose Frage eine Tracht verbaler Prügel. Weil die Angst die Konvention zu verletzten es nicht zulässt, Aggressionen dem Verursacher zu zeigen, müssen oft andere herhalten.

Sinnvoller, wenn auch nicht unproblematisch, handelt der gestresste und davon aggressionsgeladene Kadermann, der seine Freizeit fast ausschließlich mit Kampfsport ausfüllt.

Unbeliebt bei den andern macht sich meist der klassische Streber, der reale oder vermeintliche Schwächen durch Spitzenleistungen auszugleichen versucht. Das führt leicht und oft lange unbemerkt, in die Entfremdung vom eigenen Ich und in die soziale Isolation.

Ein Kind erfährt von den Eltern keinerlei Zuwendung und wird ständig als ungeschickt getadelt. In der Schule erbringt es Spitzenleistungen, um seine „Mängel" wettzumachen und wenigstens die Zuneigung der Lehrpersonen zu gewinnen. Bei den Mitschülern kommt es mit seinem Verhalten aber nicht gut an. - Eine mit vielen Selbstzweifeln behaftete Sozialarbeiterin setzt sich rund um die Uhr für ihre Klienten ein und „vergisst" die eigenen Bedürfnisse, das eigene Privatleben völlig.

Immer wieder ist es die Angst, die oft gar nicht als solche wahrgenommen wird, die Menschen stresst, die Angst nicht zu genügen, die Angst zu versagen, die Angst nicht dazu zu gehören. Darunter leiden sie selbst, und die Umwelt ist in irgendeiner, meist unangenehmen Weise mitbetroffen.

Mit der nachfolgenden schematischen Auflistung und einigen Beispielen lassen sich Formen der Abwehr illustrieren. Es ist eine schematische Darstellung. Im konkreten Erleben lassen sich die Abwehrmechanismen nicht immer so klar trennen. Sie können sich gegenseitig überschneiden und lassen sich nicht streng voneinander unterscheiden.

Projektion

Ein eigener Wunsch oder Impuls, den man aufgrund seiner Erziehung oder von sich selbst gesetzten Idealen nicht akzeptieren kann, wird einer anderen Person zugeschrieben, auf sie projiziert und eventuell dort bekämpft. Wer ohne es zu realisieren projiziert - bewusst tut es ja keiner -, kann schwer Kontakte knüpfen und setzt vorhandene Beziehungen aufs Spiel.

Ein bisher lebhaftes Kind wird in der Pubertät plötzlich ganz brav und unauffällig, weil es beschuldigt wird, die ohnehin labile Beziehung der Eltern brechen zu wollen. Es erlebt nun, mit verdrängten aggressiven Impulsen aufgeladen, die außerfamiliäre Umwelt als bedrohlich und gefährlich.

Eine Frau empfindet starke erotische Impulse, ist aber streng puritanisch erzogen worden. Sie beginnt andern zu erzählen, sie fühle sich von einem Arbeitskollegen belästigt. Er tue das nicht so offensichtlich, aber sie spüre das auf Schritt und Tritt.

Ein Mann würde eigentlich sehr gerne Karriere machen. Weil er sich seit seiner Kindheit verinnerlicht hatte, dass es sich nicht gehört, sich ins Licht zu stellen, verbietet er sich, seine Wünsche anzumelden. Gleichzeitig beobachtet er argwöhnisch Kollegen, die er verdächtigt, ihm bewusst die Karriereleiter zu versperren und sich selbst vorzudrängen.

Verdrängung

Ein Konflikt und die dazugehörigen Gefühle wie Angst oder Schuldgefühle werden aus dem Bewusstsein ausgesperrt. Das Ich errichtet eine Sperre, um zu verhindern, dass verdrängte Angst ins Bewusstsein zurückkehren kann. So ist es möglich, dass zum Beispiel eine Frau vom Tod des so früh und unter schwierigen Umständen verstorbenen Mannes völlig emotionslos berichtet. Und oft hörte ich schreckliche Kindheitserlebnisse, die Betroffene wie eine Geschichte aus einem Buch erzählten, ohne jede Gefühlsäußerung.

Die Verdrängung von schmerzlichen Erfahrungen kann für eine beschränkte Zeit lebenswichtig sein, weil man nur dann handlungsfähig bleibt, wenn die Gefühle „aufs Eis gelegt" sind. Es wäre aber wichtig, mit der Zeit die erstarrten Gefühle wieder zu beleben. Das geht aber nur in kleinen Schritten.

Helene waren in der Kindheit schwerste seelische Verletzungen zugefügt worden. Sie kam in die Sprechstunde, um aktuelle Probleme zu besprechen. Nach und nach gab sie auch schmerzliche Erlebnisse aus der Kindheit, wenigstens andeutungsweise, preis. Aber wirklich hervorholen und ansehen konnte Helene diese Erfahrungen noch lange nicht. Sie sagte, diese Ereignisse wären eingefroren. Sie aufzutauen wäre zu schmerzhaft, um sie ertragen zu können. Gerade diese Geschichte ist eine Warnung an ungeduldige Therapeuten: Eine Leiche soll man erst ausgraben, wenn es möglich ist, deren Anblick zu ertragen.

Nicht ganz so dramatisch, aber doch erheblich lebensbehindernd ist, wenn sich jemand eigentlich sehnlichst eine Beziehung wünscht, aber gleichzeitig Angst davor hat. Er redet sich ein, und sagt es auch andern, dass er keinen Menschen brauche, dass er am liebsten allein sei.

Identifikation

Durch Identifikation mit einer bestimmten Person oder Institution können eigene abgelehnte Impulse gebunden werden. Identifikation ist Nachahmung und Verinnerlichung von Vorbildern, sowohl positiver wie negativer Art. Jugendliche mit geringem Selbstwertgefühl und Zukunftsängsten identifizieren sich gerne mit „richtigen Kerlen" und ihren gewalttätigen Auftritten. Auch das Gegenteil ist möglich, die Identifikation mit altruistischen Vorbildern. Selbstverleugnung und Überforderung sind problematische Folgen davon.

Eine junge Frau, die abends gerne ausginge, entscheidet sich, dies nicht zu tun und leistet geduldig viele Überstunden, weil der Chef ja abends auch noch arbeiten muss.

Ein Filialleiter findet, dass seine Vorgesetzte dem Personal gegenüber zu großzügig sei und versucht - im Namen der Vorgesetzten - ein strengeres Regime durchzusetzen.

Flucht von und Flucht zu

Die Flucht vor der Angst hat viele Varianten. Der Aktivismus, der die Arbeits- und Freizeitwelt beherrscht, ist oft nichts anderes als ein pausenloser Kampf gegen die Angst, das gesteckte oder geforderte Ziel nicht zu erreichen. Oder es ist die Angst „in ein Loch zu fallen", wenn nicht ständig etwas läuft. Flucht in ohren- und geistbetäubende Wochenendpartys ist wohl oft Flucht vor Einsamkeits- und Sinnlosigkeitsgefühlen.

Andere finden Zuflucht in elitären Auserwähltheitsvorstellungen: Bei Erfüllung von bestimmten anspruchsvollen Bedingungen, durch Unterwerfung unter eine Ideologie, ist Rettung in Sicht. Je mächtiger die Angst ist, desto leichter sind Menschen auch für abstruse Rettungsversprechen zu gewinnen. Durch die Flucht in eine sektiererische Gruppe wird die eine Angst durch eine andere ersetzt. Aber man ist dann wenigstens nicht alleine.

Mit Regression, Rückzug in kindliches Verhalten, hat sich jener Mann geflüchtet, der schon bald nach der Heirat von der Angst heimgesucht wurde, nicht liebenswert genug zu sein und deshalb seine Frau zu verlieren. Zuhause benahm er sich, ohne das zu realisieren, in vielen Belangen wie ein kleiner, hilfsbedürftiger Bub.

Eine weitere Flucht zu ist die Anbiederung an „Tyrannen": „Ich tue gerne, was du willst, dafür wirst du mich verschonen." - Ein ängstlicher Mann macht freiwillig öfters Überstunden, und er rapportiert heimlich dem tyrannischen Chef das Verhalten von Kollegen, um den Chef ihm gegenüber gnädig zu stimmen.

Auch das kann vorübergehend helfen. Angstabwehr kann manchmal nützlich sein. Aber auf Dauer hilft sie nicht.

Angstkontrolle oder Gefahrenkontrolle

Die Abwehrmechanismen zeigen deutlich auf, was es bewirkt, wenn man die Angst als eine Aufforderung zur Angstkontrolle nimmt. Das heißt, ich benütze meine Fähigkeiten dazu, die Angst abzuwehren. „Ich habe keine Angst", so wie der kleine Hansli durch den dunklen Wald läuft und vor sich her ruft: „Ich bin niemand!" Das kann ja manchmal hilfreich und nützlich sein, wenn keine echte Gefahr besteht.

Die andere und meist sinnvollere Variante ist die, die Angst als Aufforderung zur Gefahrenkontrolle zu benützen. So gibt die Angst den Impuls, eine Strategie gegen die Bedrohung zu entwickeln. [21]

Machen wir uns mit unseren Ängsten vertraut, damit nicht sie unser Tun und Lassen bestimmen. Nur wenn wir unsere individuellen Ängste, unsere Angst-Reflexe, aber auch unsere Fähigkeiten und Beschränkungen in der Bewältigung von Lebensproblemen einigermassen kennen, können wir lernen, adäquat zu reagieren, wenn wir uns auf irgendeine Art bedroht fühlen. Und „Jeder Schritt, den wir trotz Angst tun, ist ein Schritt in ein freieres Leben." [22]

Der Angst Grenzen setzten, sich herausfordern aber nicht bestimmen lassen

Acht Schritte, die helfen, mit Ängsten klar zu kommen

Angst zulassen und eingestehen

Wenn wir uns daran gewöhnt haben, unsere Ängste erst einmal zuzulassen, die wesentlichen Zusammenhänge erkannt und auf reale Gefahren hin geprüft haben, ist leider noch nicht alle Arbeit getan. Wenn wir mutiger geworden sind, der Angst ins Gesicht schauen können und ihr nicht mehr ausweichen müssen wie das Kind, das sich die Augen zuhält oder sich unter die Bettdecke verkriecht, beginnt das Üben. Es braucht nun einmal ein gewisses Training, um Angst zu entmachten. Dazu gehört, bewusst auf Situationen zuzugehen, die Angst machen, sich darauf vorzubereiten, sich auf die bekannten Auslöser einzustellen.

Sich beobachten und von andern lernen

Um einen automatisch ablaufenden Mechanismus - Angstauslöser, eigene Reaktion, (ungeschickte) Aktion - kontrollieren und stoppen zu können, muss man ihn erst einmal verstehen. Dazu ist es notwendig, sich selbst und das, was bei einem abläuft, immer wieder zu beobachten. Sobald man sich selbst zusehen und zuhören kann, ist der erste große Schritt geglückt.

Ein Beispiel: Die Einladung zum befürchteten Mitarbeitergespräch ist eingegangen. Die Alarmglocke im Kopf läutet sofort: „Die mag mich nicht und macht mich wieder fertig wie letztes Mal." Die Wut im Bauch vom letzten Mal und der Klumpen im Magen sind wieder da. Es dauert ja noch ein paar Tage. Aber das Gespräch ist unausweichlich. Herzklopfen, Schweißausbruch und eine Enge in der Brust bestimmen die Befindlichkeit am Gesprächstermin. Die Antworten sind deshalb einsilbig und nicht gerade freundlich. Die Ohren hören vor allem Kritik. Entsprechend kühl ist die Verabschiedung. Und ein weiteres Mal bleibt Enttäuschung und eine Wut im Bauch zurück.

Reflexion: Warum gebe ich dem Mitarbeitergespräch so viel Bedeutung? Von Lohnkürzung war nicht die Rede. Mein Einsatz wird nicht anerkannt und gewürdigt. Das tut weh. Das ist wieder wie in der Schule. Die Lehrerin hatte es geschafft, mich so fertig zu machen, dass ich eine Klasse wiederholen musste. - Warum mache ich meine Abteilungsleiterin zu meiner Lehrerin von damals und gebe ihr so viel Macht über mich?

Lernziel: Beim nächsten Mal gehe ich nicht mehr an ein „Schulexamen". Ich versuche zu hören, ob die Chefin auch etwas Positives sagt. Und vor allem will ich ohne falsche Hemmungen sagen, wie ich mich und meine Arbeit sehe. - Wahrscheinlich gelingt es beim nächsten Mal erst ansatzweise. Immerhin.

Wenn einen die Angst immer wieder „von hinten" überfallen kann, ist man im Augenblick wehrlos. Darum ist es wichtig, sich rechtzeitig auf Situationen einzustellen und vorzubereiten, in denen solche Überfälle zu erwarten sind. Falsch ist es, immer wieder gutgläubig „ins Messer zu laufen". Wenn ich auf unfreundliches, ablehnendes oder gar aggressives Verhalten des andern gefasst bin, habe ich wesentlich bessere Chancen, ruhig und konsequent zu reagieren. Das gelingt umso eher, je besser ich meine Verhaltensmuster kenne.

Außerdem kann man auch von andern lernen. Ich habe in meinem Leben sehr viel, vielleicht das Wesentliche, durch Beobachten von andern gelernt. Wie machen das andere, wie gehen andere mit dieser und jener Situation um, wie reagieren sie auf was? Das Spannende daran ist, dass man von allen lernen kann, von den einen das, was man brauchen kann und was zu einem passt, von andern das, was man sicher nicht nachahmen will.

Sich Angstsituationen stellen

Einem Mitarbeitergespräch kann man schlecht ausweichen. Man kann sich zwar für einmal krankmelden. Aber das ist nur ein Vor-sich-her- schieben. Wenn jemand im Verwandtenkreis mich nicht mag, kann ich Kontakten aus dem Weg gehen. Aber dann schließe ich mich unter Umständen auch von Beziehungen zu andern, die mir wichtig wären, aus. - Ich kann auf Wanderungen verzichten, weil ich keinem Hund begegnen will.

Von allen Ängsten, denen ich ausweiche, lasse ich mir meinen Lebensraum einschränken. Wenn ich das nicht will, muss ich mich in die schwierige Situation hinein wagen. Aber nicht unvorbereitet. Mir ist aufgefallen, wie häufig Menschen immer wieder „ins Gewitter laufen", ohne „den Schirm aufgespannt zu haben". Und sie sind hinterher einmal mehr schwer enttäuscht und verletzt.

Zweimal wöchentlich besucht die Tochter ihren mürrischen Vater im Altersheim. Und jedes Mal prasseln unsinnige Vorwürfe auf sie ein. Der Vater war schon immer ein Egoist. Die Tochter macht sich immer mit unguten Gefühlen auf den Weg ins Heim, aber auch immer in der Hoffnung, diesmal würde sie ihren Vater friedlicher antreffen. Die Frau geriet in einen heftigen inneren Widerstreit zwischen: „Ich gehe überhaupt nicht mehr hin!" und „Das kann ich doch nicht machen. Er hat ja sonst niemanden. Und was würde das Personal im Heim von mir denken?"

Lernziel: Ich gehe nicht mehr mit falschen Hoffnungen hin, sondern stelle mich auf „Gewitter" ein. Und wenn er mich wieder mit Vorwürfen überschüttet, sage ich: „Adieu. Ich komme in einer Woche wieder, um zu sehen, ob du dich beruhigt hast." - Man bedenke, wie viel Mut das Zweite gebraucht hat. Aber es hat gewirkt. Nicht, dass jetzt alle Besuche nur friedlich verlaufen wären, aber sie waren erträglich. Und gelegentlich hat die Tochter sogar so etwas wie Wertschätzung von ihrem Vater erfahren.

„Das, wovor wir am meisten Angst haben, ist häufig das, worauf wir am meisten hoffen. Das, was wir oft wie einen Albtraum fürchten, erweist sich nach Wegfall der Angst nicht selten als Inhalt längst verschwiegener Wunschträume", schreibt Eugen Drewermann. [23] Das ist häufig das Problem, wenn radikale Änderungen im Leben angezeigt wären. Hätte es nicht diese gewichtige Bedeutung, würde es uns auch nicht so sehr in Beschlag nehmen können. Darin spiegelt sich wider, wie wichtig das wäre, was wir erreichen möchten.

Angst aushalten und durchstehen

Betrachten wir einmal folgendes Bild: Da brennt ein mehrstöckiges Haus. Aus dem vierten Stock schreit jemand um Hilfe. Die Fluchtwege sind abgeschnitten. Der vom Feuer bedrohte Mensch macht Anstalten, aus dem Fenster zu springen. Die Feuerwehr ist im Anmarsch. In dieser Lage wäre es wichtig, den um Hilfe Schreienden vorerst zurückzuhalten, bis das Sprungtuch aufgespannt ist.

Aus dem vierten Stock in ein Sprungtuch zu springen, das braucht ungeheuer viel Mut. Da kann es gut sein, dass zum Feuer im Rücken auch noch eine eindringliche und wiederholte Aufforderung zum Springen nötig wird. Die Angst vor dem Sprung in die Tiefe und die Angst vor dem Feuer blockieren vorerst die rettende Entscheidung.

Wie leichtfertig urteilen gelegentlich Außenstehende über Menschen, die sich „kopflos" mit einem schlecht überlegten „Sprung" aus einer beängstigenden Situation befreien und sich damit vielleicht etwas ebenso Schwieriges einhandeln. Und wie wenig Verständnis finden oft jene, die scheinbar sinnlos in einer schwierigen Lage verharren, weil eine Angst sie daran bindet.

Eine Situation, in der eine große Angst nur durch eine noch größere überwunden werden kann, hat etwas Brutales an sich. Trotzdem ist es diese Angst, die immer wieder Menschen aus einer erdrückenden, scheinbar ausweglosen Situation schließlich in eine lebbare katapultiert. Wenn es allzu sehr an Selbstvertrauen mangelt, ist oft der Schritt aus einer unerträglich gewordenen Situation erst möglich, wenn die Angst, darin unterzugehen, größer geworden ist als die Angst vor der Veränderung, vor einer ungewissen Zukunft. Dieser Mechanismus lässt sich leider oft kaum beeinflussen. Wie viel Leid würde jemandem in dieser Lage erspart, wenn nicht einfach das Angstgefühl über „Bleiben" oder „Springen" entscheiden müsste.

Wenn so ein Sprung in eine neue, noch ungewisse Zukunft ansteht, ist Mut gefragt. Wenn es darum geht, eine schwierige Zeit durchzustehen, was in bestimmten Situationen richtig ist, heißt es tapfer sein. Aber woher nimmt man so schnell den Mut und die Tapferkeit? Man kann sie nicht einfach aus der Tasche ziehen. Je mehr sich die Überzeugung festigt, dass dieser Sprung ins Ungewisse richtig und Not-wendig ist, und wenn der Wille dazu wächst, wird die Entscheidung eines Tages fallen. Zeit und Geduld mit sich selbst machen vieles möglich. Dazu gehört auch, dass ich, wenn nötig mit Hilfe von andern, mir ein „Sprungtuch" organisiere. Eine schwierige Zeit tapfer durchzuhalten ist wesentlich einfacher, wenn ein Ende abzusehen ist. Hilfreich ist, sich selbst einen Termin zu setzen. Zum Beispiel: Ich will noch ein Jahr durchhalten. Dann entscheide ich mich, ob ich weiter mache oder nicht. Es geht darum, seinen Entscheidungstermin an ein Kriterium zu binden. Das kann die Erfüllung einer Bedingung oder ein bestimmter Zeitpunkt sein.

Übrigens, auch Umwege führen zum Ziel. Es ist nicht notwendig, sich noch lange Vorwürfe zu machen, weil früher der Mut zu einer Entscheidung gefehlt hat. Es hilft nicht, sich zu verurteilen, weil man die Übersicht verloren, „Wegweiser" nicht beachtet oder die Weichen falsch gestellt hatte und dadurch in eine Sackgasse geraten ist. Es ist sinnvoll, die Realität zu sehen. Aber mit endlosen Gerichtsverhandlungen über sich selbst und sein Unvermögen verpufft viel Energie, die für anderes gebraucht würde.

Hilfreiche Zweifel an der Macht irrationaler Ängste

Zweifeln ist verpönt. Trotzdem tragen wir alle möglichen Zweifel mit uns herum: Ob das gut gehen kann? Ob ich das schaffe? Ob ich andern trauen kann? Und so weiter.

Es gibt aber auch Leute, die keine Zweifel haben, die vorgeben, alles mit Sicherheit zu wissen. Sie wissen, dass die Bosheit der Urgroßeltern schuld ist an ihrem Unglück. Sie wissen, dass uns eines Tages Außerirdische beherrschen werden. Sie wissen, dass die nächste Generation den Untergang der westlichen Welt verursachen wird aus den gleichen Gründen, aus denen damals das römische Reich zusammengebrochen war. Die einen wissen, dass es einen Himmel gibt, die andern wissen, dass es keinen gibt.

Wenn man all das betrachtet, kann man es ebenso gut in Zweifel ziehen. Bei Menschen, die schwer enttäuscht wurden oder die in einem pessimistischen Milieu groß geworden sind, sieht oft alles so hoffnungslos aus. Da sagt einer überzeugt: „Ich habe doch keine Chance." Und ich kann dies anzweifeln: „Wie wäre es, wenn sich nächstes Jahr doch eine Chance zeigen würde?" Oder ich höre: „Ich gebe es auf. Ich finde doch keine Partnerin, die zu mir passt!" Ich kann sagen: "Wenn dir genau diese Frau irgendwann doch über den Weg läuft, würdest du sie beachten? Oder wären deine Augen für eine Chance, die sich zeigt, verschlossen von der Angst, ein zweites Mal enttäuscht zu werden?" - Manchmal ist der Zweifel ein guter Helfer, wenn es darum geht, die Macht von festgefahrenen und von irrationalen Ängsten zu relativieren.

Sich vor Angstmachern und vor Überängstlichkeit schützen

Es gibt viele Unglückspropheten. Sie sehen immer schon alles „bachab schwimmen". Sie sehen schon alle Ehen scheitern, alle Firmen zusammenbrechen, sich selbst am Hungertuch nagen. In jeder Veränderung sehen sie einen Anfang vom Untergang.

Auch bei Kindern, die in derselben Familie und unter gleichen Bedingungen aufwachsen, kann es sein, dass eines ängstlich ist und ein anderes überhaupt nicht, ohne dass man weiss weshalb. Ob man ohne erkennbaren Grund ein eher ängstlicher Mensch ist oder weil einen die Kindheit so geprägt hat, oder weil Schicksalsschläge und Enttäuschungen einen verunsichert haben, in jedem Fall wäre es zu empfehlen, zu Pessimisten Distanz zu halten. Beobachten wir uns einmal über einen gewissen Zeitraum, wie sehr der Kreis, in dem wir uns oft bewegen, unsere Denkweise und unser Empfinden beeinflusst. Fragen wir uns einmal, ob wir das wirklich wollen und ob uns das gut tut.

Die Erfahrung lehrt uns, dass Veränderung keineswegs immer nur Verschlechterung bedeutet. Wir sollten uns daran gewöhnen, dass ein ständiges Auf und Ab die Menschheitsgeschichte durchzieht. Der Verstand des Menschen ist nicht so hochstehend, dass er Unvernünftiges und Schädliches für sich und die Gemeinschaft immer vermeiden würde. Vieles davon nennt er Fortschritt und Freiheit, bis ein bestimmtes Maß an Schaden erkennbar ist. Aber dann bekommt auf einmal die Stimme der Vernunft wieder mehr Gehör und Unvernünftiges wird wieder ein Stück weit korrigiert. Wenn wir uns angewöhnen, in größeren Zeiträumen zu denken, die Dinge in größerem Zusammenhang zu sehen, relativiert sich manches. Auch Befürchtungen und Ängste vor der Zukunft verlieren an Gewicht und an Einfluss auf unser Wohlbefinden.

Übrigens haben alle Schreckerlebnisse die Tendenz, uns überängstlich werden zu lassen. Ein Sturz auf der Treppe oder auf dem Glatteis mit gravierenden Folgen hinterlässt seine Spuren. Und wer kennt nicht ein Opfer eines Verkehrsunfalls oder jemanden, der mit viel Glück verschont geblieben ist. Wer als Folge eines solchen Erlebnisses ständig überängstlich reagiert hat ein größeres Unfallrisiko als jemand, der angemessene Vorsicht walten lässt. Überängstlichkeit macht unsicher und kann für sich selbst und für andere zur Gefahr werden. Das zeigt sich besonders deutlich im Straßenverkehr.

Die eigenen Fähigkeiten aktivieren und trainieren

Die Bewältigung einer schwierigen, angstmachenden Situation verlangt bestimmte Fähigkeiten, so wie ein Sportler je nach Sportart bestimmte Fähigkeiten haben und entwickeln muss. Grundsätzlich können wir davon ausgehen, dass die meisten Menschen, mindestens in der Anlage, die Fähigkeiten haben, die es braucht, um das Leben zu meistern und mit Ängsten, die dazugehören, klar zu kommen. Wenn wir Glück hatten, konnten wir viele davon schon als Kinder und Jugendliche entdecken und üben. Wenn nicht, müssen wir die eigenen Ressourcen halt als Erwachsene erkennen, aktivieren und trainieren.

Es ist gut, sich einmal darüber Gedanken zu machen, welche Ressourcen mir zur Verfügung stehen und welche ich mir erarbeiten sollte. Auf welche Problembewältigungserfahrungen kann ich zurückgreifen? Was kann ich aushalten? Traue ich mir zu zu lernen, mich in einer veränderten Situation zurechtzufinden? Auf welche Hilfen kann ich zählen?

Es ist übrigens immer wieder überraschend, was ein Mensch alles kann, auch aushalten kann. Auch gibt es keinen Grund anzunehmen, mit 60 und im höheren Alter seien Entwicklungen, auch im Sinne eines souveräneren Umganges mit Angstsituationen, nicht mehr möglich. Natürlich schleifen sich Gewohnheiten und Mechanismen mit den Jahren tiefer ein. Sie zu verändern braucht einfach etwas mehr Zeit.

Selbstwert und Selbstvertrauen stärken

Jeder kleine Schritt, der auf dem Weg aus der Angst gelingt, hilft, das Selbstvertrauen aufzubauen, vorausgesetzt, man nimmt das Gelingen zur Kenntnis. Viele haben die Tendenz zu sagen: „Das war ja nur eine Kleinigkeit, ich bin noch soo weit vom Ziel entfernt." Statt jeden kleinen Fortschritt sorgfältig zu sammeln, werfen sie ihn in den Abfalleimer. Natürlich kann man ängstlich ein paar Schritte gehen und sagen: „Das war noch nichts", und zurückkehren zum Anfang. Aber weiter kommt man, indem man von dem Punkt aus weitergeht, den man schon erreicht hat. Die Realität ist oft so, dass einmal etwas gelingt und ein andermal wieder nicht. Dabei ist wichtig zu wissen: Was einmal geglückt ist, das kann immer wieder gelingen, auch wenn es nicht jedes Mal klappt.

Hilfreich für die Stärkung des Selbstvertrauens ist oft auch ein ausführlicher Rückblick auf die eigene Lebensgeschichte. Was manche Menschen, die sich als Versager sehen, im Leben schon durchgestanden, ausgehalten, geleistet haben, erstaunt immer wieder. Ihnen selbst ist das meistens nicht bewusst. Man muss mit ihnen schon genau hinschauen, damit sie das erkennen. Vielleicht war nicht alles vernünftig, nicht alles sinnvoll, vielleicht wurden Energien nicht fruchtbar eingesetzt. Doch das ändert nichts daran, dass alles in allem eine beachtliche Leistung war. Ein großes Potenzial wartet darauf, nun fruchtbringender eingesetzt zu werden. Höchstwahrscheinlich geht es bei diesen verunsicherten Menschen auch darum, sich selbst (endlich) zu akzeptieren. Versuchen zu sein, wer sie geworden sind. „Versöhnung mit sich selbst gibt neuen Lebensmut." [24]

Sich helfen lassen

Weil es nicht immer einfach ist, sich selbst und eigene Verhaltensweisen, die einem nicht gefallen, zu verstehen, lohnt es sich, Hilfe von Fachleuten in Anspruch zu nehmen. Wenn schwierige lebensgeschichtliche Prägungen das Leben erschweren, wenn tiefer liegende Ängste Entwicklungen behindern und Wege blockieren, ist manchmal Schwerarbeit zu leisten, um sich daraus zu befreien. Warum muss man so Schwieriges allein machen? Ängste haben Macht, besonders dann große Macht, wenn sie auf Schuldgefühlen beruhen. Es ist keine Schande, angesichts dieser (Über-)Macht Hilfe in Anspruch zu nehmen.

Leider haben viele Menschen von Glaube und Kirche aufgrund ihrer Erfahrungen das Bild eines Drohfingers vor sich.

Angstbewältigung mit Hilfe höherer Werte

Wie kann der Glaube helfen?

Alle Religionen beruhen darauf, dass der Mensch nicht Herr über sich selbst ist. Alles Leben und alles Existierende gehen von einer höheren, dem Menschen überlegenen Macht aus, und alles Leben ist dieser Macht verpflichtet. Von dieser Überzeugung waren schon Urreligionen geprägt. In den heutigen großen Religionen wird die Macht einem Geistwesen zugedacht, das zwar Person ist, aber keine Gestalt nach menschlichen Vorstellungen hat. Sie nimmt höchstens in bestimmten Situationen eine Gestalt an, wenn sie sich den Menschen zeigen will. Es ist nicht verwunderlich, dass sich Menschen vor Gottheiten fürchten.

Die Menschen haben von alters her die Erfahrung gemacht:

- Es gibt Mächte und Kräfte, die dem Einflussbereich des Menschen entzogen sind.
- Es ist notwendig zu ergründen, was diese Mächte von den Menschen wollen, um nicht deren Zorn auf sich zu ziehen.
- Es ist lebensnotwendig, soziale Spielregeln einzuhalten.
- Die Verweigerung, sich den Gesetzmäßigkeiten unterzuordnen, zieht schwere Strafen nach sich.

Die Botschaft des Neuen Testamentes aber ist: Ihr braucht euch nicht vor Gott zu fürchten, aber „In der Welt habt ihr Angst". Joh 16,33 Die Bibel sagt damit, dass wir leben müssen mit dieser Angst. Sie wird zu den beständigen Erfahrungen der Menschen gehören. Das Angsthaben müssen ist aber auf die Lebenszeit auf der Erde begrenzt. "... seid getrost, ich habe die Welt überwunden", heißt es an gleicher Stelle weiter.

Schon die Naturreligionen der Urvölker haben Hilfen angeboten, um Bedrohungsängsten, ausgelöst durch Naturereignisse, standhalten zu können. Blitz und Donner, Erdbeben, Überschwemmungen, geheimnisvolle Himmelserscheinungen, Schwierigkeit der Nahrungsbeschaffung in mageren Jahren waren Furcht einflößende Phänomene. Sie sind es heute noch. Auch wenn wir inzwischen viele Zusammenhänge verstehen und sie nicht mehr den Launen und Erziehungsmaßnahmen von Göttern zuschreiben, kann man nicht behaupten, wir hätten alle Ängste davor verloren.

Den Religionen wird vorgeworfen, sie würden die Menschen in Angst versetzen und böten dann Hilfen gegen die Angst an. Das ist insofern falsch, als dies nicht den Religionen an sich angelastet werden kann. Es waren und sind Vertreter der Religionen, welche die Botschaften auf diese Weise missbrauchten und missbrauchen. Allzu lange wurde die christliche Botschaft als Drohbotschaft gehört und erlebt. Und ich bin überzeugt, dass dieses wesentlich dazu beigetragen hat, die Glaubwürdigkeit der Kirchen so sehr erschüttern. Dank besserer Bibelkenntnisse haben viele Gläubige heute die Angst vor unberechtigtem Machtanspruch von Angehörigen der Kirchenhierarchie und vor den Inhalten von Höllenpredigten verloren.

Miteinander und Füreinander

Die gemeinsame Grundbotschaft der großen Religionen ist die: Da ist eine Gottheit, die hat den Menschen bestimmte Regeln vorgegeben. Wenn sie diese beachten und ihnen nachleben, können sie es gut und friedlich miteinander haben. Zu diesen Regeln gehört: Akzeptieren, dass es eine höhere Macht gibt und dass dem menschlichen Wissen und Können Grenzen gesetzt sind, Respekt voreinander und Hilfsbereitschaft untereinander, Respekt vor den Naturgesetzen und dem Lebensrhythmus. Es ist nicht gefordert perfekt zu sein, aber gefordert ist echte Bereitschaft und permanentes Bemühen. Es muss euch zuerst „um seine Gerechtigkeit gehen, dann wird euch alles andere dazugegeben." Mt 6,33 Das ist die biblische Aufforderung und gleichzeitig die Entlastung von der Angst, alles erreichen und vollkommen sein zu müssen. Und es heisst auch: sorgt dafür, dass jeder möglichst zu seinem Recht kommt, was bedeutet, ein dem Menschen würdiges Leben hat. Wenn ihr das beachtet, braucht keiner Angst vor dem andern zu haben. Dann werdet ihr auch mit den Schwierigkeiten des Lebens zurechtkommen.

Wer sich an diesen Glaubensvorgaben, die alle großen Religionen teilen, orientieren kann, findet Entlastung von Ängsten. Er hat ein Bild von Gott, das ihm Halt bietet.

Die Bibel stellt mit dem Satz: „In der Welt habt ihr Angst" diese Tatsache als Normalität dar. Das ist einfach so. Aber das heißt nicht, dass wir in dieser Angst stecken bleiben müssten, denn die Fortsetzung des Satzes lautet: „aber seid getrost, ich habe die Welt überwunden." Die Ermunterung, die darin enthalten ist: „Lasst euch von der Angst nicht gefangen nehmen!" ist genau das, was wir in jeder Angstsituation brauchen.

„Zeichen vom Himmel" zu sich sprechen lassen

„Zeichen vom Himmel" sind an und für sich nichts Außergewöhnliches. Solche erhalten viele durch normale Lebenserfahrungen, zum Beispiel durch ein offenes Wort eines Freundes oder einer Freundin, durch Lebenskrisen, durch Krankheiten, durch ein Buch, durch Träume, durch spezielle Glückserfahrungen. Die Frage ist, ob wir einen Sinn für diese Zeichen und Fingerzeige haben, die uns wichtige Anstöße geben können. „Ich muss oder will etwas ändern in meinem Leben." „Ich muss zu Neuem aufbrechen." „Diese Angelegenheit muss ich jetzt klären." Aber auch Ermutigung kann das Zeichen bedeuten: „Du machst es doch gut!" „Du bist auf gutem Wege." „Bleib dran, gib nicht auf." „Du bist nicht allein." Ein solcher Moment, zum Beispiel auch die Frage eines Freundes: „Willst du wirklich so weitermachen?" kann dem Leben eine neue Wende geben. Auf einmal kippt die Waage von der Seite der Angst zur Seite des Mutes und Vertrauens.

Und magische Rituale?

Der Mensch versuchte schon immer, etwas gegen seine Ängste zu unternehmen. Mit Geisterbeschwörungen, Opfern und allen möglichen Ritualen bemühte er sich, gefährliche Mächte zu besänftigen und zu bannen. Mit Anfrageritualen wollten die Menschen die Erwartungen und Bedingungen der Geister und Götter in Erfahrung bringen. Mit andern Ritualen erbaten sie Hilfe in bedrohlichen Situationen, aber auch für die Bedürfnisse des täglichen Lebens. Beschwichtigungsrituale sollten den Zorn der Geister und Götter besänftigen, um Strafen zu entgehen.

Die Agrarbevölkerung, deren Existenz bis in die jüngste Zeit von den Mächten der Natur abhing, hatte besondere Angstbewältigungsstrategien entwickelt. In manchen Gegenden war die bäuerliche Bevölkerung noch bis in die jüngste Zeit stark von magischen Vorstellungen geprägt. Aufschlussreich hat der Landarzt Eduard Renner magisches Denken und Handeln beschrieben, das er bei der innerschweizerischen Bergbevölkerung noch bis weit ins 20. Jahrhundert hinein beobachtet hatte. [25]

Magisches Denken und Handeln sind keineswegs ausgestorben. Wir brauchen dazu nicht nach Afrika oder Südamerika zu schauen. Mit Magie kann man bis zu einem gewissen Grad Angst bekämpfen, aber auch Todesangst produzieren und Gewalt und Macht ausüben. Eine Geschichte, die meine Mutter als junge Frau aus nächster Nähe miterlebt und erzählt hat: Es muss sich um 1930 ereignet haben. Meine Mutter war damals knapp 20 Jahre alt. In unserem Dorf gab es einen Brauch, der darin bestand, dass junge Männer unverheirateten Frauen in der Nacht zum 1. Mai möglichst unbemerkt eine männliche Strohpuppe vor das Schlafzimmerfester platzierten. Ein junger Mann aus der nächsten Nachbarschaft der Familie meiner Mutter war bei einem dieser Streiche dabei. Eine schrullige Jungfer, die am Dorfrand wohnte, verleitete durch ihr Verhalten die Jungen besonders, gerade sie mit einer Strohpuppe zu ärgern. Den Burschen gelang es aber nicht, bei dieser Aktion unerkannt zu bleiben. Der junge Mann aus Mutters Nachbarschaft konnte nicht rechtzeitig verschwinden. Bei Tagesanbruch, und sicher unter den Augen belustigter Zuschauer, vergrub die Jungfer die Strohpuppe unter dem Ablauf der Dachrinne mit der Verwünschung, der Übeltäter solle auf die gleiche Weise vermodern wie die Strohpuppe in der nassen Erde. Es dauerte nur wenige Wochen, da begann der junge Mann zu „mudere", wie man unbestimmte beängstigende Krankheitssymptome im Dialekt benannte. Ärztliche Hilfe blieb ohne Wirkung. Als die Situation dramatisch wurde, holte man einen Kapuzinermönch zu Hilfe, der die Frau dazu bringen konnte, die Puppe auszugraben und den Fluch zurück zu nehmen. Und in kurzer Zeit war der junge Mann wieder gesund.

Ein eindrückliches Beispiel, welche Macht eine Angst über einen Menschen gewinnen kann. Mit magischen Ritualen erzeugte Angst kann eine Macht entfalten, die tödlich sein kann, wie wir das unter anderem auch aus Berichten aus Afrika unter anderem von Woodoo-Zaubereien kennen. Können sie auch von Angst befreien? Hat das die Geschichte meiner Mutter nicht bewiesen?

Warum sollen Rituale mit magischen Anteilen nicht angewendet werden, wenn sie eine wirksame Hilfe gegen die Angst sind? Betrachten wir zwei Beispiele, die Hans Zulliger berichtet, der sich in seiner Arbeit vor allem an der Tiefenpsychologie von Freud und Jung orientierte und sicher kein Magie-Fan war.

„Ein Vater, der als Hobby das Sammeln von Kristallen betrieb und der ein ängstliches Mädchen von vier Jahren besaß, ließ einen kleinen Quarz in einen Halter fassen und hängte ihn an einem Kettchen der Kleinen um. 'Da hast du jetzt etwas von mir', erklärte er dem Kinde. 'So bin ich immer bei dir und beschütze dich!' - Das Mädchen war wie umgewandelt, seine Ängstlichkeit verschwand."

„Die Gattin eines Uhrenfabrikanten mußte ihren Mann zu Repräsentationszwecken auf eine längere Geschäftsreise ins Ausland begleiten. Die Eltern besaßen ein dreijähriges Büblein, das außerordentlich stark an der Mutter hing; sie befürchteten, es könne ihre Abwesenheit nicht ertragen. - Die Mutter reichte ihm vorher ein Paar ihrer Handschuhe. 'Du brauchst sie nur überzustreifen', erklärte sie dem Bübchen, 'dann ist es so, als wäre ich dir ganz nahe und nicht weg!' ... Vor dem Zubettgehen, manchmal auch tagsüber, zog er die Handschuhe an und versicherte freudig, die Mutter sei da ..." [26]

Eine Christophorus-Figur im Auto, ein Stein in der Hosentasche, den man in schwierigen Situationen umklammern kann, ein Kristall an der Halskette; wenn solche magisch aufgeladenen Gegenstände helfen, im richtigen Moment vorsichtig zu sein oder sich von der Angst nicht blockieren zu lassen, was soll man dagegen einzuwenden haben?

Die Kraft von magischen Ritualen kommt nicht von irgendwelchen unheimlichen Geistern. Magische Rituale sind psychologische Wirkweisen, die zum Wohl, aber auch zum Schaden von Menschen eingesetzt werden können.

Vertrauen ist der Gegenspieler von Angst

Vertrauenkönnen will gepflegt werden

Aus Werners Kinder- und Jugendzeit gibt es nichts Besonderes zu berichten. Sie verlief so normal wie die von Tausenden von andern Kindern auch. Das Leben war durchzogen von Lachen und Weinen, von Spielen und Lernen, von Erschrecken und Unbeschwertsein und durch alles Auf und Ab getragen vom Gefühl, geborgen und gehalten zu sein. Und dann, mit 21, ein abrupter Einbruch. Eine Krankheit brachte das Vertrauen in die Zukunft ins Wanken. Das Gleichgewicht zwischen Angst und Vertrauen war nicht mehr zu halten. Werner hatte das Glück, in einer Familie aufgewachsen zu sein, in der Vertrauen zueinander, Vertrauen in sich selbst und die eigenen Fähigkeiten, in verschiedensten Lebenssituation bestehen zu können, vorhanden war und gepflegt wurde. Vertrauen ins Leben und in den Sinn des Daseins, wohin es einen auch führte, hatten feste Wurzeln gebildet. So war es möglich, die Zeit der tiefen Verunsicherung durchzustehen. Er spürte immer deutlicher, wie die heftigen Auf- und Abbewegungen der Schaukel im Kampf der Angst gegen das Vertrauen sich allmählich beruhigten. Auch wenn die Schaukel nicht ganz zur Ruhe kam, so kehrte bei Werner die bisherige Gewissheit wieder zurück, dass die Angst nicht die Macht hatte, ihn ganz aus dem Gleichgewicht zu bringen. Vertrauen löst die Angst nicht auf, aber verhindert ihren Sieg. Das Beispiel zeigt: So wie die Angst einen anstecken kann, so kann auch das Vertrauen von einem zum andern überspringen. Unabhängig von konkreten Angstsituationen sollten wir uns einmal überlegen, wie es um unsere Fähigkeit steht vertrauen zu können. Wer in einem depressiven Umfeld aufgewachsen ist, hat es schwer, ein tragfähiges Vertrauen in sich, in andere, ins Leben zu gewinnen. Anderseits birgt allzu unbeschwerte, unkritische Lebenshaltung die Gefahr in sich, leichtgläubig in die Grube von Enttäuschungen zu fallen. Vertrauen können kann man lernen. Vertrauen will aber erarbeitet werden.

So lange uns das Vertrauen im Gleichgewicht hält ist die Macht der Angst begrenzt.

Vertrauen lernen verlangt die Bereitschaft auch Risiken einzugehen. Risiken eingehen können setzt voraus, ein gewisses Maß an Angst aushalten und mögliche Enttäuschungen ertragen zu können und den Willen, sich nicht von ihnen blockieren zu lassen. Vertrauen will gepflegt sein. Vertrauen wird gestärkt in echten zwischenmenschlichen Beziehungen. Und gut dran ist, wer eine glaubwürdige und in den Lebensalltag integrierbare spirituelle Heimat gefunden hat.

Angst und Vertrauen in zwischenmenschlichen Beziehungen [27]

Angst und Vertrauen beeinflussen jede zwischenmenschliche Beziehung in Partnerschaft, Familie, am Arbeitsplatz, in Gruppen jeder Art. Die Art der Beziehung beeinflußt ihrerseits Angst und Vertrauen der Beteiligten. Es lohnt sich, einmal darauf zu achten, wie es um meine Ängste und um mein Vertrauen zu andern steht, mit denen ich in näherer Beziehung lebe oder arbeite. Was löst wohl mein So-sein und mein Verhalten bei andern aus? Bei dieser Selbstprüfung geht es nicht nur um die Frage, was mache ich ungeschickt oder falsch. Es wäre genau so wichtig zu erkennen, was meine Persönlichkeit, meine Art zu sein, bei andern bewirken kann. Wer im guten Sinne selbstsicher auftreten, seine Meinungen klar vertreten kann, macht damit eventuell einem unsicheren Gegenüber Angst. Und er fühlt sich vielleicht missverstanden und ist beleidigt, wenn er das zu spüren bekommt. - Oder da hat sich ein sehr unsicherer Mensch in einen Vorstand wählen lassen. Er sucht instinktiv und penetrant die Nähe und Anerkennung eines Mitgliedes der Gruppe, das er als stark erlebt. Sein Verhalten ist die unausgesprochene Bitte: Sei nett zu mir und sage mir, dass ich schon in Ordnung bin. Dieser Mensch läuft dabei Gefahr, zurückgewiesen zu werden, nicht zuletzt deshalb, weil diese Aufdringlichkeit nicht nur lästig ist, sondern auch Angst macht: Wie halte ich die Person auf Distanz? Wie reagiert sie, wenn ich sage, was ich denke? Die Zurückweisung lässt logischerweise wieder Enttäuschung und neue Angst zurück.

Wer Angst vor andern hat, begründet oder nicht, versucht sich zu schützen. Es gibt viele Schutzmechanismen: Lieber große Distanz einhalten, um nicht nochmals verletzt zu werden, sich in neuen Kontakten nur sehr vorsichtig nähern, sich übermäßig anpassen, sich betont höflich verhalten oder sich durch schroffes, aggressives Verhalten eine Schutzmauer zwischen sich und andern errichten. Weil solche Angstäußerungen oft nicht erkannt und nicht verstanden werden - was manchmal auch wirklich schwierig ist -, dreht sich dieser Kreisel von Angst und Missverständnis und Abwehr ständig weiter, bis es irgendwann in einem Eklat endet. Es ist schon viel gewonnen, wenn wir einsehen, dass dieses Verhalten nicht Bosheit dieses Menschen ist, das uns zu schaffen macht, sondern die Äußerungen seiner Angst. In diesem Zusammenhang bestätigt sich Reinhold Ruthes Behauptung: „Angst ist der Schlüssel für sämtliche Probleme des Menschen" erst recht. Wenn die Beteiligten ihr Ängste verstehen und einordnen können, haben sie auch den Schlüssel zur Türe gefunden, die aus diesen Ängsten herausführen kann. - Das bedeutet nicht, um das wiederholt festzuhalten, dass dieser Weg aus der Angst in einem einzigen Schritt zu machen wäre.

Und wenn das Vertrauen-können gestört ist?

Am schwersten wird das Vertrauen-können gestört oder gar zerstört durch einen Vertrauensbruch der nächsten und wichtigsten Bezugspersonen. Körperliche und psychische Misshandlung durch Eltern und andere Bezugs- oder Betreuungspersonen können die Fähigkeit zu vertrauen bis in die Wurzeln zerstören. Ohne Hilfe ist es kaum möglich, die Vertrauensfähigkeit neu aufzubauen.

Vertrauen ist eine zarte Pflanze. Und sie braucht jahrelange Pflege, bis sie wieder in der einen oder anderen Verunsicherung bestehen bleiben kann.

Professionelle und andere Helferinnen und Helfer sind oft enttäuscht oder gar beleidigt, wenn ihnen nach monate- oder auch jahrelanger Arbeit am Wiederaufbau eines zerstörten Vertrauens plötzlich wieder tiefes Misstrauen entgegenschlägt. Vielleicht war es ein Wort, mit bester Absicht gesagt, das die so verletzliche Stelle getroffen und diese Reaktion ausgelöst hat. Für die weitere Aufbauarbeit ist ein solcher Moment nicht so dramatisch, wie es scheint. Wenn echtes Vertrauen am Wachsen ist, erholt sich das zarte Pflänzchen bald wieder, weil die Wurzeln doch schon Halt und Nahrung bieten. Wenn der Helfer, die Helferin diese momentane Ablehnung aushalten und akzeptieren kann, ermöglicht das der verängstigten Person die Erfahrung, über sich selbst bestimmen zu können und zu dürfen, ohne dafür kritisiert zu werden.

―――

Ängste und wankendes Vertrauen, wer hat sie nicht schon irgendwann im Leben kennengelernt, wenn je auch in unterschiedlichem Maße. Deshalb könnte man meinen, sich gegenseitig zu verstehen müsste nicht so schwierig sein. In Wirklichkeit sind die Lebensgeschichte eines jeden Menschen und seine Erlebniswelt so individuell und vielfältig, dass der Verständigung Grenzen gesetzt sind. Es ist gut für beide Seiten sich dessen bewusst zu sein. Der französische Schriftsteller Charles Du Bos hat schon vor rund hundert Jahren einen Satz geprägt, den man sehr gut auf das Thema Angst übertragen kann: „Um einen Kranken zu verstehen, muss ein Gesunder nahezu genial sein, genau wie ein Kranker fast der Heiligkeit bedarf, um mit einem Gesunden immer nachsichtig zu sein." Eine Weisheit, die wir uns einprägen sollten. Das Verstehenkönnen ist in manchen Situationen begrenzt, nicht aber die Möglichkeit einander mit Respekt zu begegnen.

Vertrauen ist eine Erfahrung,

nicht ein Wissen oder Können.

Aber ein genügendes Maß an Erfahrung

gibt Gewissheit.

Die nachfolgend aufgeführten Bücher und Publikationen sind nach ihrer Relevanz für die Thematik dieses Buches ausgewählt und nicht nach Kriterien, die eine wissenschaftliche Arbeit voraussetzen würde. Für fachliche Vertiefung sind die Standardwerke „Riemann, Grundformen der Angst" und „Dörner/Plog, Irren ist menschlich" zu empfehlen.

1. Hans Zulliger, Die Angst unserer Kinder. Ernst Klett Verlag, Stuttgart 1966
2. Niklaus Zemp, Zwischenhalt - authentisch leben lernen. In 12 Schritten zu einem neuen Lebensgefühl. Trainer Verlag Saarbrücken 2013
3. Anton Kner, Angst, wie werde ich damit fertig: Kanisius Verlag, 1986
4. Albert Camus, Schriftsteller, Philosoph und Journalist, 1913-1960
5. Reinhold Ruthe, Sieben Fragen, die uns plagen - Lebensprobleme und mögliche Lösungen. Brendow Verlag, Moers, 1992
6. Jeremias Gotthelf, Ueli der Pächter, Eugen Rentsch Verlag Erlenbach-Zürich 1978
7. Hans Zulliger, a.a.O.
8. Jörg Zink, Licht über den Wassern, Kreuz Verlag 1978
9. Klaus Dörner, Ursula Plog, Irren ist menschlich, Psychiatrie-Verlag Bonn, 2013
10. 1997 bot der Komet Hale Bopp ein faszinierendes Naturschauspiel, als er an der Erde vorbeizog und mit bloßem Auge beobachtet werden konnte.
11. Siehe auch: Fritz Riemann, Grundformen der Angst, Ernst Reinhardt Verlag München Basel 2007
    Klaus Dörner, Ursula Plog, a.a.O.
12. Tony Whitehead, Angst ist heilbar. Phobien, was sie sind und wie man damit fertig wird. Albert Müller Verlag Rüschlikon-Zürich, Stuttgart, Wien 1981
13. Josef Sievi, Der Menschheitsbeginn, als Manuskript gedruckt 1970
14. Das Gilgameschepos, übersetzt, kommentiert und herausgegeben von Wolfgang Röllig, Reclam Bibliothek
15. Zwischen 1994 und 1997 kamen 74 Sonnentempler bei kollektiven Mord- und Selbstmord-Aktionen ums Leben.
16. 1997, während des Erscheinens des Kometen Hale-Bopp, glaubten 38 Anhänger der Heaven's Gate-Gruppe, durch Suizid ihre Seelen auf eine Reise in ein Raumschiff schicken zu können.
17. Josef Sievi, a.a.O
18. Lange Zeit wurde heftig über die Offenbarung gestritten und erst Ende des 4. Jahrhunderts wurde sie den kanonischen Schriften zugezählt.
19. Vergil, römischer Dichter 70 bis 19 v. Chr.
20. Nach Helmut Harsch, Theorie und Praxis des beratenden Gesprächs. Chr. Kaiser Verlag, München 1979
21. Siehe auch: Klaus Dörner, Ursula Plog, a.a.O.
22. Niklaus Zemp, a.a.O.
23. Eugen Drewerman, Das Markusevangelium, Erster Teil, Patmos 2009
24. Niklaus Zemp, a.a.O.
25. Eduard Renner, Goldener Ring über Uri, Zürich 1991
26. Hans Zulliger a.a.O.
27. Nach Hans Frör, Vertiefung, Fortbildungskonzepte zu Themen der Seelsorge. Chr. Kaiser Verlag München 1981

Ein weiteres Buch von Niklaus Zemp im Trainer Verlag:

Zwischenhalt - authentisch leben lernen

In 12 Schritten zu einem neuen Lebensgefühl
108 Seiten

„Das vorliegende Buch ist für Menschen geschrieben, die in unserer von Hektik und Aktivismus geprägten Zeit nicht nur von allen möglichen Aufgaben und Verpflichtungen getrieben werden wollen, sondern die ihr Leben eigenverantwortlich gestalten möchten. ... Ihnen können diese Impulse zu einem Zwischenhalt dienen, der zu Selbstreflexion und Neuorientierung führen kann. Sie atmen einen befreienden Geist, der Mut macht, sich dem Leben zu stellen und authentisch zu werden. ... Wer es wagt, sich auf solche Prozesse einzulassen, findet in diesem Buch eine Fülle von hilfreichen Anregungen. Es werden 12 wesentliche Themen der Lebenskunst beleuchtet als Einladung, Schritt für Schritt ein sozialverträgliches Selbstbewusstsein einzuüben."

Dr. Heinz Ruegger MAE

„Niklaus Zemp stellt an den Anfang die Frage an den Leser: 'Wie sind wir geworden'. Die Antwort darauf ist die Basis für die folgenden elf Schritte, nicht theoretisch, sondern aus dem praktischen Leben heraus entwickelt. Sie sind so lebensnah, dass der Leser fast automatisch hineingesogen wird, sozusagen auf jeder Seite spürt: Ja, da bin ich, ist meine Situation gemeint. Man könnte denken, der Verfasser habe alles selbst erlebt, so einfühlsam, so real sind seine Aussagen. Vieles fließt da sprachlich leicht verständlich zusammen, Dinge, die tausend andere ebenfalls beschäftigen, Sorgen, Ängste, nicht zu umgehende Fakten, eigene Vorlieben, Schwächen, anderseits auch Stärken, Fähigkeiten, die möglicherweise versteckt geblieben sind und bei der Lektüre zum Vorschein kommen. .... Warum gibt es dieses Buch nicht schon lange? Mir persönlich wäre vieles erspart geblieben, wenn ich einen solchen Wegbegleiter vor zehn oder mehr Jahren gekannt hätte. Aber selbst die letzte Lebensphase lässt sich dank diesem Buch wertvoller, zuversichtlicher, hoffnungsvoller und damit glücklicher gestalten."

Arnold B. Stampfli, Journalist

i want morebooks!

Buy your books fast and straightforward online - at one of world's fastest growing online book stores! Environmentally sound due to Print-on-Demand technologies.

Buy your books online at
www.get-morebooks.com

Kaufen Sie Ihre Bücher schnell und unkompliziert online – auf einer der am schnellsten wachsenden Buchhandelsplattformen weltweit! Dank Print-On-Demand umwelt- und ressourcenschonend produziert.

Bücher schneller online kaufen
www.morebooks.de

 VDM Verlagsservicegesellschaft mbH
Heinrich-Böcking-Str. 6-8   Telefon: +49 681 3720 174   info@vdm-vsg.de
D - 66121 Saarbrücken   Telefax: +49 681 3720 1749 www.vdm-vsg.de

Printed by Books on Demand GmbH, Norderstedt / Germany